教師の

お金の増やし方がわかる本

【西川純・網代涼佑】

学陽書房

はじめに

本書を書こうと思ったきっかけは、私のゼミに所属する現職院生が自分の給与明細を学生に説明しているのを見たのがきっかけです。そして、学生と話せば話すほど、学生が「お金」のことに無知であることに愕然としました。しかし、自分の過去を思い起こせば私も若い頃は全くの無知でした。考えてみれば、その後もずっと無知でした。

投資にトライしたのは40歳代の半ばです。そして短期投資で儲けて、損をしました。幸いプラスマイナス、ちょっとの損でした。株は博打だと身にしみました。そして、年金に関して気にし始めたのは2007年に年金記録問題が発覚し、年金記録の修正のために色々な資料を集め出した2010年頃です。そして、私の年金の記録が確定したのは2012年頃です。そして2017年に年金定期便が送られるようになって愕然としました。いままでぼやっと思っていた金額とは全く違っていました。それから必死になりはじめました。そのときは58歳でした。

いま、思います。

誰か先輩が、若い教師だった私に

「学生時代に国民年金を払っていなかったら、遡って払った方がいいよ」と教えてくれたら……。

「保険にそんなにかけなくても、給料から天引きにされている部分でかなりの部分が保証されているよ」と教えてくれたら……。

「銀行の普通預金口座に預金を塩漬けすると確実に損をするよ」と教えてくれたら……。

「短期・集中の投資は博打だよ。それに勝てる人はプロでもいないよ」と教えてくれたら……。

教師のための

お金の増やし方がわかる本

【西川純・網代涼佑】

学陽書房

「長期的視野に立ったETFはお勧めだよ。ETFは博打ではなく、リターンは安定している。ETFの長期だったら5％程度のリターンは期待できる。複利の5％は凄いリターンが期待できるよ」と教えてくれたら……。少なくともいまから20年以上からETFは広がりました。そのころから始めていたら……。

そうしたらいまとは全く違った老後の展望がありました。ゼミ生達を見ながら、「私がその先輩になろう」と思いました。天の采配か、いま、私のゼミには若い頃から投資に興味を持ち実践している現職派遣院生がいます。彼といっしょに1ヶ月ほどで本書は書き上げました。

本書を読む皆さんが、私のような後悔をしないことを祈ります。皆さんには「時間」という味方がいます。

そして妄想します。もし、本書で紹介している常識が日本中に広がったらどうなるかと……。

日本とアメリカの金融資産の構成には大きな違いがあります。日本は現金・預金が多く、アメリカは債務証券、投資信託、株式のような投資が大きいのです[*1]。

その結果、金融資産の変化が違います。金融庁の「人生100年時代における資産形成」によれば、アメリカ人は20年間で金融資産を8倍に増やしたのに対して、日本人は20年で2倍にしか増やしていないのです。この意識の差は、終身雇用が長く続き、我が身は組織が守ってくれると思っている日本人と、我が身は我が身で守ると思っているアメリカ人の違いです。いま、我が身は我が身で守らねばならない時代になっているのです。金融資産のありかたを根本的に変えねばなりません。

本書で紹介した知識をより多くの日本人が知り、不必要な出費を抑え、そのお金を使って適切な投資を始め備えなければなりません。その先頭に立つ一人にあなたにはなって欲しいのです。

最後にお願いがあります。この本に書いてある「お金」の話を、学級通信・保護者懇談会で取上げてください。もし、学級通信に本書で紹介した内容を書いたときには、最後に参考文献として本書を紹介して欲しいのです。数は多くはないですが、必ず反応する保護者がいます。その人が本書を読み理解すれば、「ママ友ネットワーク」に広がります。もし、保護者が長期分散投資を始め、その大事さを実感すれば、我が子が働き始めるとき長期分散投資を勧めるでしょう。そのころから始めたならば、その子達の人生は老後を含めて安定します。

教育公務員には手厚い保障がありますが、私立学校教員、一般公務員、民間企業のサラリーマンにも教育公務員に対応する保障があるので、ほぼ同じように読めると思います。自営業の方は、老後の対策を早くやるべきことに気づくでしょう。

日本で老後に苦労する人がいなくなる新たな常識を、我々が構築しましょう。ネット上のカリスマ投資家より、我々教師はそれができる職業なのです。専門家の話より、信頼する人からの口コミを多くの人は信じます。

上越教育大学大学院教授
西川 純

教師のための
お金の増やし方がわかる本

CONTENTS

2章 教師がお金を増やせる節約術と副収入の獲得術！

3章 教師に生命保険・医療保険は必要ありません

4章 いまからできる教師の投資術

付録

1 章

教師はいつまで働けば老後が安心なのか？

本書を手に取られた方は、老後に関して漠然とした不安をお持ちの方です。そして、不安はあるものの具体的な対策を立てられない方だと思います。それは日本人のほとんどです。

金融広報中央委員会の金融リテラシー調査（2019年）によれば、定年退職後の生活費について必要費用を意識しているのは、20歳代で5割弱、30歳代で6割に対して、50歳代で8割に上昇しています。ところが、その50歳代でも資金計画の策定している人は3割に留まり、資金の確保をしている人は3割弱にすぎません。つまり、焦っているけど対策ができていません。仕方がありません、いまの日本人はとりあえず貯金するということしか考えられないのです。しかし、それでは対策になっていません。

本章では、老後の生活を俯瞰的に知っていただきたいと思います。

01

あなたは教師として いつまで働きますか？

皆さんはいつまで働きますか？

日本人の男の平均寿命は 81.41 年、女の平均寿命は 87.45 年です[*2]。

100歳以上の人口は50年連続で増えています[*3]。90歳、100歳まで生きる人が少なくない時代なのです。つまり現在の定年である60歳以降30年、40年と生きる人が少なくないのです。

現在、定年を延長しようとする動きが顕著です[*4]。いまのところ、教員の定年は60歳のままですが、2018年8月に人事院から「定年を段階的に65歳に引き上げるための国家公務員法等の改正についての意見申出」が出されました。今後、教員でも定年が延びる方向に向かいます。

現在でも、60歳で定年を迎えた先生の多くが、再任用という形で教師を続けられています。2019年度で4万6千人を超え[*5]、しかも、再任用全体の約２／３の人がフルタイム勤務です。給与に関しては各自治体に再任用の規定が掲載されており、60歳の時のよりは減額されています。

2000万円問題

老後資金2000万円問題という言葉を聞いたことがあると思います。ことの発端は金融庁の金融審議会・市場ワーキング・グループが2019年6月に発表した「高齢社会における資産形成・管理」という報告書に書かれたものです。それに反応したマスコミは「老後資金として一世帯2000万円は必要」とセンセーショナルに取り上げました。

それによれば65歳の夫と60歳の妻の夫婦の年金等の年収（209万円）と年間支出（264万円）の差は年間55万円の赤字であると算出しました*6。30年生きると1650万円の赤字となります。これが老後に一世帯あたり2000万円が必要という計算式です。

しかし、ワーキング・グループの2000万円という試算は我々の実態とかけ離れています。試算の元になっているデータの世帯には、非正規雇用の夫婦世帯、生活保護の夫婦世帯なども含まれています。

総務省の家計調査（2019年）では支出を年収別に分けて分析しています。教師の世帯は年収552万円以上の世帯に分類されています。直接税や社会保険料（民間の保険を除く）などを含めた実支出は年間で約455万円です。つまり、多くの教師が「いま」普通だと思っている生活を維持するにはそれくらい必要なのです。最初に話した2000万円問題の基礎となった世帯あたり支出とは全く違うのです。

少し考えれば当然なことです。働いた時期と働かなくなった時期を比べて、食費や光熱費などの支出額はそれほど変わりません。強いて変わるとしたら、通勤費と交際費くらいです。基本的に退職後も上記のお金がかかることを理解しましょう。むしろ趣味の時間が増え、出費は増える可能性もあります。現在の皆さんの生活の実態は455万円と264万円のどちらに近いですか？　おそらく前者ではないでしょうか。

いまの生活を維持するために老後に年金以外に必要となるお金は、夫婦共に校長退職者では750万円、夫婦とも教諭退職者の場合は1950万円です。しかし、夫が教諭退職者で、妻が専業主婦の場合は5550万円です。その他のケースを含めて詳細な計算はP97の**付録1**を参照ください

もし、そのような老後資金を確保できない場合、生活の質をかなり落とさなければなりません。これから老後を支える「お金」について詳細に説明をします。

02 教師の老後を支えてくれるものは？

国民年金は絶対に完納しましょう

年金に関して整理したいと思います。

公務員の年金は三つの年金によって構成されています。ただ、本書では我々の年金の中心となる国民年金と厚生年金（旧共済年金）を中心に紹介します。

すべての年金制度の基礎は国民年金です。国民年金保険料は日本国内に住む20歳以上60歳未満の人に、法律で義務付けられているものです。しかしながら、2割以上の人が未納で、年齢が若くなるにつれて未納率が高くなっているという現状があります[*7]。

20歳から60歳までの40年間、全部払った人だと年間78万円が死ぬまで支給されます。私の場合は大学院に進学し、実際に働いたのは25歳からでした。当時は年金について意識が低く在学中は保険料を払っていませんでした。未納期間は5年間です。結果、私の年金支給額は年間67万円、つまり11万円の減なのです。現在、国民年金の保険料は月16,610円です。これをもとにすると、私は約100万円を払わなかったことになります。つまり、65歳から9年以上生きたなら損となります。平均寿命から考えて損です。いまは非常に後悔しています。

払ってなければ追納も可能

10年以内の未納だったら追納が認められています。つまり、30歳前に年金保険料を払わないことのデメリットを理解し、追納していたらギリギリセーフだったのです。私の場合、5年間の未納期間が将来の年金受給額に大きく響くのを気づいたのは年金問題がクローズアップされた頃で、すでに手遅れでした。

もう一つ大事なことがあります。20歳から国民年金保険料を払った学生、または学生猶予申請をした学生の場合は、在学中に何らかの障害を負った場合、障害年金を受けられます。さらに国民年金の掛金が全額免除になります。その一方、そうしなかった学生は障害年金を受けられないし、国民年金の掛け金が免除されません。基本的にこの場合の追納は認められません。障害年金があれば、一定の生活が保障されるのに、それを逸してしまうことになるのです。

国民年金は有利な金融商品

国民年金は国庫負担率が高い非常に有利な金融商品といえます[*8]。大雑把に計算すると年間保険料約20万円を40年間払い続けると800万円になります。受け取り年金額は満額で78万円、つまり11年ほどで元は取れる計算になります。日本人の平均寿命から考えて、絶対に保険料を満額払うべき年金です。

若い人の中には、「自分たちは年金を現在ほど受給できないのではないか」と思っている人が少なくないと思います。たしかに年々、条件は厳しくなると思います。しかし、国は国民年金を守るために全力を尽くすでしょう。逆に言えば、それが守れないのであれば日本は、何もかもが破綻しています。国民年金は額がどうであれ、老後の生活の基礎となることは確かです。

03 年金や退職金はいくらもらえるのか？

教師のもらえる年金と退職金

教員は国民年金に加えて厚生年金と職等年金給付(年金払い退職給付)が加算されます。勤務地や諸条件に影響されますが、**ざっくり言えば合計で校長で年間240万円、教諭で210万円ぐらいになります。**

この年間210万円とはどれくらいの金額なのでしょうか？

みなさんは非正規雇用を知っていると思います。簡単に言えばアルバイトやパートタイマーのように期間を限って働いている人達です。非正規雇用の男性の年収は225万円、女性の年収は152万円で、平均で174万円です[*9]。

生活保護の自動計算サイト[*10]によれば東京都板橋区の70歳以上の単身者の場合は年間約154万円です。

つまり非正規雇用の男性よりも低くて、生活保護よりは56万円多い金額が、約40年間働いた教諭の年金210万円の位置づけなのです。

もう一つ、退職金のことを付け加えます。退職金は年金と並んで老後の支えになる柱です。いったいいくらもらえるでしょうか？

退職金は退職手当という名前で支給され、退職手当額＝基本額＋調整額という計算式で計算できます。基本額や調整額については共済組合のホームページに詳しく書いてあります。ただ全地方公共団体の平均額でいうと地域によって差はありますが、25年以上勤続後の定年退職で約2,346万円（41.34月）、11年以上25年未満勤続後の定年退職で1

年きざみで算出されますが、平均約1,350万円となっています。ただし、これはあくまで現在の平均であって退職金の平均が上がっていく可能性はほとんどありません[*11]。

なお、以下は退職間際の方にのみ関係する話です。退職前に勤務先の担当者から「退職所得の受給に関する申告書」を書くように言われると思います。この申告書を提出することによって、勤務年数によって大幅な控除を受けることができます[*12]。まずないことですが、担当者から「退職所得の受給に関する申告書」を書くよう言われなかったら担当者に確認してください。

【公務員のもらえる年金】

校長	年間 240 万円
教諭	年間 210 万円
ほかの条件の方の収入と比べると…	
非正規雇用男性	年間 225 万円
非正規雇用女性	年間 152 万円
非正規雇用平均	年間 174 万円
生活保護	年間 154 万円（板橋区 70 歳以上の場合）

【教育公務員のもらえる退職金（地域差は多少ある）】

25 年以上勤続後の定年退職	約 2,346 万円
11 年以上 25 年未満勤続後の定年退職（平均）	約 1,350 万円

04

悲惨な老後を避けるために

いまの老後とこれからの老後は違う

皆さんが「いま」普通にしている生活を老後も続けようとするならば、必要とされる金額がかなりのものである一方、老後を支えるお金は小さくなっています。**現在の年金暮らしの老人をみていて、何とかなるのではないかと楽観視しているかもしれませんが、現実はかなり厳しいのです。**

なぜなのでしょうか？　少子高齢化によって年金額が抑制されたのも理由の一つです。年金支給開始時期の繰り下げも理由の一つです。しかし、医療の進歩によって我々が長生きになったことが最大の理由なのです。平均寿命は1960年では男性65.3歳、女性70.2歳でした。1970年では男性69歳、女性74.7歳でした。1980年では男性73.4歳、女性78.8歳でした。1990年では男性75.9歳、女性81.8歳でした。

我々が実際に生活を観察できたのは肉親の父母、祖父母ではないでしょうか？　もし、男性が65歳まで生きて、女性70歳まで生きるという前提で先ほどの計算をするならば、計算ががらりと変わります。

さらに、長生きになることによって医療費が増大しました。結果として社会保険料が高額になったのです。

もう一つ原因があります。昔は三世代世帯が多かったのに対し、いまは単独世帯及び夫婦2人世帯が多いのです。我々のイメージしている昔の高齢者は、現役で働いている子どもと同居している高齢者なのです。一方、現在の高齢者は世帯の支出を全て高齢者だけで背負っているのです。

近所のスーパーの特売時間、また、閉店間際の売り場に行ってください。そこには高齢者が溢れていて、買い物かごには特売品、割引シールが貼られている品が少数入っているというのが現状です。その高齢者の中には教員退職者がいるかもしれないのです。

専業主婦(主夫)というリスク

先の計算を見れば、専業主婦（主夫）の家庭が厳しいことが明らかです。しかし、私は専業主婦（主夫）を否定的に考えているわけではありません。それが証拠に私の妻は結婚を機に専業主婦になりました。そのおかげでゆとりのある子育てと日常生活を我々は得ることができました。そして、専業主婦だったので国民年金の第3号被保険者となり、国民年金の保険料の納付が免除されています。毎年20万円の国民年金の保険料が約30年以上免除されているので600万円以上が免除されています。しかし、専業主婦（主夫）家庭は積極的な老後計画を立てる必要があることを理解してください。

私より若い方々、特に、これから結婚しようとされる方、現在、子育て中の40歳代より若い方々の老後は、今後一層厳しい条件になると思います。老後のことを考えると、夫婦共稼ぎで定年まで働いて、できるだけ長く再雇用されることを基本と考えるべきなのです。皆さんの時代においては、専業主婦（主夫）は限られた富裕層だけのライフスタイルと考えるべきだと思います。これは価値観ではなく、計算に基づく結果なのです。

これからの社会では、夫婦共に長く働くことが最大の老後対策です。

05 教師が元気に長く働き続けるために①

年次有給休暇をしっかり使う

長く働き続けるためには、休暇について理解しなければなりません。ここでは休暇・休業に関わることを整理したいと思います。先に述べたように、**これからの老後を考えるとき、夫婦共稼ぎが基本となります。**教員の世界では共稼ぎが多い。一つには、男女の労働条件で日本の他の職業に比べて相対的に不公平感がこれほど小さい職場は日本には多くはないからです。ぜひ、共稼ぎを続けることを勧めます。しかし、妊娠、出産を機に退職する人が少なくありません。これから結婚しようとされる方、現在、子育て中の40歳代より若い方々は、ぜひ、ここで紹介する制度を夫婦で共に最大限に生かして共稼ぎを続けてほしいと思います。

まずは有給休暇制度を説明します。学校職員の勤務時間、休日、休暇等に関する条例という中の「年次有給休暇」が一般的な有給休暇に該当します[*13]。

年間で20日間の年次有給休暇があり、1年間で取得日数が残った場合は翌年度に繰り越すことができます。ある年の年次有給休暇をまったく使っていなければ、2年目の年次有給休暇は去年の20日と今年の20日で40日間になります。そうなると、2年目も年次有給休暇をまったく使っていなければ、3年目の年次有給休暇は60日になると思われるかもしれません。しかし、繰り越せるのは翌年までです。つまり3

年目に繰り越せるのは2年目の使わなかった20日で、1年目の20日は3年目に繰り越せません。つまり、最大40日です。

有給休暇以外の特別な休暇

年次有給休暇を使い切る人は多くはないと思います。家庭を持ってからは計画的に使うようになりますが、独身の頃は、学校にとりあえず行くのが楽しいので有給休暇消化率ゼロの人も少なくありません。

話は横道に逸れます。私は独身の頃、かなりの不摂生をして、それが祟って、長く入院しました。病気の時は病気特別休暇という制度があって、病院の証明書があれば最大90日まで有給で休むことができます。つまり、未消化の年次有給休暇を加算すれば最大130日間休めます。保険の見直しのところで詳しく説明しますが、現在の医療の進歩によって入院期間は短くなっています。130日間の有給休暇があれば、その範囲内で退院することができます。その結果、給与が減額されたり、無給になったりすることを避けることができます。

話を戻します。年次有給休暇の他にも有給の特別休暇が各自治体によって様々、存在しています。**ボランティア休暇（5日以内）、結婚休暇（7日以内）、幼児保育休暇（女子職員・男子職員、1日90分）、忌引休暇（親族により日数異なる）、夏季休暇（5日）、リフレッシュ休暇（3日）**などがあります。

おそらく多くの方々は、上記のような休暇があることを意識していません。特に、幼児保育休暇を利用する人は多くはありません。しかし、それらを計画的に利用することは大事なことです。

先に述べたように、専業主婦（主夫）は極めてリスクの高い選択です。そのリスクを避けるために、次に紹介する産休・育休と共に活用すべきです。

06

教師が元気に長く働き続けるために②

産休・育休を知り、男性も活用しよう

長く働くことを考えると、子育て世代に直接関わるのは産休・育休制度です。ぜひ、男性教員もこの制度を理解し積極的に自分が育休を取得してください。

産休（産前産後休暇）は特別休暇と呼ばれるもので給与が通常通り支払われる休暇と法律で定められています。ちなみに労働基準法で産前休暇は6週間、産後休暇は8週間となっています。ただし、期間は各自治体によって異なる場合もあります。

ここからは東京都教育委員会の教育庁人事部勤労課が出している『両立支援ハンドブック』をもとに産休と育休の制度について説明します。ちなみに東京都では産休のことを「妊娠出産休暇」と呼んでいるなど、各自治体によって制度の名前や期間が少し異なっているので自身の自治体の制度を確認しておいてください。

妊娠・出産の休暇・休業としては、「妊娠出産休暇」、「出産支援休暇」、「育児参加休暇」、「育児休業」、「育児時間休暇」、「育児短時間勤務」などがあります。最大限活用してください[*14]。ご存じの方も多いと思いますが、出産にかかる費用は、出産費としてほぼ全額支給されます。

出産・子育ては女性教員にとって仕事の継続の大きなハードルですが、老後のことを考えると共稼ぎが有利です。そのために**男性側が育児休業を長期に取得したり、育児時間休暇や育児短時間勤務などの制**

度を活用して妻の復職を支援し、夫婦で働き続けることを勧めます。

教員は教職員互助会に多額の掛金を納めていて、それに見合った保障があります。各自治体によって差はありますが、出産費や子育て祝い金といった名称で、お金が給付されるのが一般的です。金額の多いところだと10万円近くになる自治体もあるので、各教職員互助会のHPや広報誌を読むことをお勧めします。

他にも教職員を含めた国や自治体からの育児に関する手当や優遇制度についても紹介しましょう。産休中は勤務していた時と同じ金額を支給されます。育休は妊娠出産休暇終了後から満3歳の誕生日の前日まで取得することができます。育児休業中は、給与の支給はありません。しかし、共済組合の方から180日まで給与の67%、180日から子どもが1歳になるまでは50%支給されます。また、1歳になる時に、保育園等に預けることができずやむを得なく育児休業をするということであれば最大2歳まで給付金が延長できます。

産休・育休中は社会保険料が免除され、保険利用は可能なままで支払いが免除されて、厚生年金も減額されません。さらに、産休中は給与が全額支給のうえに支払いが免除になるので勤務中より手取額が上がります。また、児童手当（３歳未満は月額15,000円、３歳以上は10,000円の支給）や医療助成金（自治体によって異なりますが、ある年齢まで、医療費が無料または一部負担で済む）があります。

また、自治体独自の支援制度がある場合もあります。ぜひ、問い合わせてください。

介護休業について

いまは両親の介護のために職を辞す方は少なくありません。本書の後半に説明しますが、日本の介護保険制度は充実しています。それを利用しプロの援助を得るべきです。そのための補助制度もあります。また、介護に伴っての休暇・休業の制度があるので、それを活用してください。

07 健康に長く働き続けるためのブラック勤務の避け方

ブラック勤務は違法です

最後に教員のブラック勤務について述べたいと思います。

中学校、高校の先生であれば部活指導は半ば義務化しています。しかし、義務ではありません。校長は職務に関して命令を出すことができますが、恣意的な命令をすることはできません。法に基づく命令を出せるのです。実は勤務時間外、休日における定常的な勤務を命じることは法律で禁止されているのです。だから、部活指導の担当を決める場面で管理職は関わっていないはずです。関わったら違法行為ですから。管理職以外の人がその役割をしているはずです。

仮にあなたが部活担当を渋ると校長室に呼び出されるでしょう。しかし、命令はできないので、屁理屈を言って攻撃します。たとえばです。

「学級担任は勤務時間を超えて生徒を指導することなどざらである。だから、勤務時間外を超えての部活指導をしたくないと言うのならば、学級担任を任せるのは心配である。部活動以外は勤務時間外にしてもいいというのなら、それは仕事を選り好みしているだけではないのか？」

と言って、担任から外そうとするのです。しかし、どこまでも言っても命令はできません。部活の顧問にならないことを決める必要はありません、のらりくらりと3月末日までいけばいいのです。ここが重要です。顧問にならないよう決定することを管理職に強いることを教諭はできません。しかし、逆に言えば、顧問になることを教諭に強いることも管理職はできまないのです。決定しそうになったら、明確に断ればいいのです。そこで圧力がかかったら「それは職務命令ですか??」と穏やかに聞けば退散します。**要は、何も決まらなければいいのです。決めなければならないのは管理職であって、教諭ではありません。**大人なのですから、穏やかに笑顔でのらりくらりすればいいのです。

❗ 断るのがこわいあなたへ

部活動指導を断ることで、もしかしたら職場の立場についてデメリットが生じるかもしれません。しかし、長時間労働がどれほど自分の健康や夫婦関係、子どもとの関係に悪影響をもたらすか、最悪の場合、過労死や離婚することになるデメリットに比べればたかが知れています。

校長は子どものためと思っているかもしれませんが、実際には違います。本当に子どものためを思うならば､計画的に部活の数を精選し、複数で顧問を担当するようにすべきです。また、土日の部活動は社会体育に移行するように動くべきなのです。ところが、そのためには教員集団､保護者集団､地域社会に交渉しなければなりません｡それが｢面倒」なので、あなたという個人を攻撃しているのです。その程度の管理職なのです。

08 教師が法律・規則を知って自分の身を守る

あなたは法律で守られている

ちなみに先ほどの校長の発言はパワハラと認定される危険性があります。なぜかと言えば、公立学校の教員に校長が時間外勤務を命じることができる場合は、「公立の義務教育諸学校等の教育職員を正規の勤務時間を超えて勤務させる場合等の基準を定める政令」(超勤4項目)によって定められています。以下の通りです。

教育職員に対し時間外勤務を命ずる場合は、次に掲げる業務に従事する場合であって臨時又は緊急のやむを得ない必要があるときに限るものとすること。

イ　校外実習その他生徒の実習に関する業務

ロ　修学旅行その他学校の行事に関する業務

ハ　職員会議（設置者の定めるところにより学校に置かれるものをいう。）に関する業務

ニ　非常災害の場合、児童又は生徒の指導に関し緊急の措置を必要とする場合その他やむを得ない場合に必要な業務

部活動は上記のいずれにも該当しませんし、臨時又は緊急な業務ではなく、曜日時間を定めた定常的な業務です。一方、校長が挙げた「学級担任は勤務時間を超えて生徒を指導すること」は曜日時間を定めた定常的な業務ではなく、臨時又は緊急な業務です。両者を同列に論じている点が屁理屈なのです。

無意識で混同しているのか、意識的に混同しているのかを判断したければ、「校長先生の意図を正確に理解したいので録音させてください」と言ってスマホで記録しようとしたとき、慌てふためいたならば意識的に混同しているのです[*15]。

あなたが大事にすべきものはなにか

さて、本題に戻ります。妻が「この人と生涯を共にしよう」と決めるのはいつだと思いますか？　それは子育ての時です。女性にとって最も大変な時に、夫が何をしたかを女性は一生忘れません。そして、子育ての負担を夫が担うならば、安心して職場復帰できます。

皆さんが配慮すべきは管理職ではなく、パートナーです。皆さんが年をとったとき共に生きるのは管理職ではなく、パートナーです。

そして経験するとわかるのですが、我が子を育てることは楽しいことです。最初は自分の仕事のペースが崩れてイライラするかも知れません。しかし、我が子が自分に懐けば幸せです。我が家では添い寝は私の担当でした。かなり大きくなっても「一緒に寝ないぞ」と言えば嫌がります。そして、おでこをくっつけて寝ると私も熟睡できます。子育ては何物にも代え難い貴重な経験ですよ。

女性の方に申します。すみませんが男は察することが不得意な生物なのです。察することはできませんが、やることがわかれば全力を尽くします。多少の問題があってもほめてください。男はパートナーからほめられると舞い上がってやる気に火が付きます。万事がそうですが、家事・子育てに関しては、学年に配属された新人教員を育てる気持ちで接してください。あなたにとって、育てたら最もメリットがある新人はパートナーです。ぜひ、パートナーの方にも本書を読ませてください。

Column 1

共働き家庭のリスク

本章をお読みになってどう思われたでしょうか？

私の妻は専業主婦なので、専業主婦家庭と共稼ぎ家庭の老後設計が全く違うことを再確認しました。結婚した当初は考えていなかったことです。専業主婦（主夫）は老後を考えるとかなりリスクであることは明かです。

しかし、共稼家庭にはリスクはないのでしょうか？　あります。

共稼ぎで一番大変なのはなんでしょうか？　これは共稼ぎの多い教員の皆さんだったら子育てであることは自明だと思います。では、いままではどのように乗り越えていたでしょうか？　おそらく、夫や妻のジジ・ババに頼っていたと思います。ところが今後はそれに頼れなくなるのです。

昔は専業主婦の家庭が多かった、今後は共稼ぎ家庭に移行するでしょう。さらに65歳まで働かなければならない時代になり、そう遠くない未来には年金受給開始は70歳になるでしょう。そのような時代ではジジ・ババに頼れなくなるのです。

どうしたらいいでしょうか？

学校より家庭を優先するという軸をしっかり持つ必要があります。ブラック勤務が常態化している学校において、それを持ち続けることはリスクと言えます。しかし、私はそのリスクを負うべきだと思います。

2章

教師がお金を増やせる節約術と副収入の獲得術！

老後には数千万円単位のお金が必要であることがおわかりになったと思います。では、それをどのようにして確保したらいいでしょうか？　本書では最終章で投資を提案しています。しかし、投資には原資が必要なのです。その原資があればあるほど効果的な対策がとれます。我々は決まった給料をもらい、それを貯蓄しています。公務員である我々が、それを大幅に増やすことは無理だと思っているかも知れません。しかし、方法はあります。

それは「節約」と「副収入」です。両方とも莫大なお金が生まれるわけではありませんが、ちょっとしたことをすれば、ちょっとした節約になり、ちょっとしたお金を得ることができます。ちりも積もれば山となり、最終的には侮れない金額になります。

01 お金を増やすために最初にやるべきこと①

まず、出費が減らせることを最初にやりましょう。簡単なものから紹介します。

格安携帯に乗り換えよう

携帯料金は支出のかなりを占めています。まずはここに着手しましょう。大手携帯会社から格安携帯に乗り換えるのです。格安携帯にもデメリットはあります。具体的には、「大手携帯会社に比べて通信速度が不安定」、「大手携帯会社よりも通話料金が高い」、「大手携帯会社とはサポート方法が違う」、「購入可能端末が限られる」、「キャリアメールが使えない」、「キャリアのサービスが使えない」、「クレジットカード決済が多い」、「LINEのID検索が使えない」、「デザリングが使えない格安携帯がある」、「電話ができない期間が存在する」、「初期の設定を自分でする必要がある」などがあります。しかし、多くの人にはあまり重要でないものが大多数です。

格安携帯の選択で重要なのは「大手携帯会社に比べて通信速度が不安定」、「大手携帯会社とはサポート方法が違う」、「初期の設定を自分でする必要がある」の3点だと思います。

通信速度・安定性がよい点、ソフトバンクショップという実店舗でサポートしてもらえる点から私はY! mobileを選択しました。しかし携帯電話の設定に長けている方、料金の安いことを優先する方は違った選択をすると思います。

いずれにせよ、格安携帯に移行することを勧めます。

選択方法は人に聞くのが一番

スマートフォンで大量のデータを使う人の場合は、格安携帯では満足できないかもしれません。しかし、本書を読まれるような方々ならば格安携帯がお勧めです。格安携帯にすれば大幅な節約が可能となります。しかし、どの格安携帯に移行するかを調べると悩むと思います。そもそも携帯各社の料金プラン・サービスは素人にわからないようにしているのではないかと思うくらい複雑です。

しかし携帯会社の人たちは、他社の料金・サービスをプロの目で分析しています。その中でしのぎを削っているのですから、重視しているポイントは違っても、総合的な大きな差はないと考えていいと思います。他社が顧客に有利な料金・サービスを設ければ、他社は追随するほかないからです。

先に挙げたポイントの中で重視するものがあれば、それを確認して格安携帯会社の候補を絞りましょう。そして、同僚・知人・親戚の中で格安携帯を使っている人を複数探して、何がポイントで選んだかを聞いてください。どの格安携帯を選んだにせよ、一様に「もっと早く替えればよかった」と言うと思います。

02

お金を増やすために最初にやるべきこと②

電気料金も減らせる

簡単に減らせる第一は、電力会社を変えることです。私は新潟に住んでいるのでもともと東北電力を使っていました。ENEOSでんきの広告がダイレクトメールで来ました。読んでみたのですが、デメリットがありません[*16]。そこで手続きをしました。ネット上で簡単に済みました。東北電力への解約の手続きもなく済みます。工事もありません。いつの間にか電力会社が変わりました。それで月額の電気料金が千円ほど減りました。年間で1万数千円の差です。家族の人数が多く、電気使用量の多い場合には、差はさらに大きくなります。

地域によって契約できる電力会社が違います。ネットで電力会社を探してください。電気料金がいくらくらいになるかシミュレーションできるサイトがあるので、比較して選んでください。手続きの簡単さと、その後の手間が全くないので、即手続きをされることをお勧めします。

車を持ち続けるか考えてみる

次に「車」を見直しましょう。車を持てば、ガソリン代、車検代、メンテナンス代、税金、保険代等が必要になります。さらに駐車料代が必要な人もいるでしょう。退職後は通勤が不要になるので、複数台あった車両を1台にしたり、普通車を軽自動車に替えたりする必要があります。また、車を持たずカーリースを利用する方法もあります。

警視庁交通局の「令和元年における交通死亡事故の発生状況等について」によれば、高齢者の事故の特徴として以下をあげています。

- 交通死亡事故の高齢者の占める割合は55.4％（過去2番目の高さ）
- 75歳以上、80歳以上の高齢運転者は、75歳未満の運転者と比べて約2.2倍、約3.1倍高い水準にあり、高齢運転者ほど死亡事故を起こしやすい傾向が続いている。
- 75歳以上の高齢運転者による死亡事故は、75歳未満の運転者と比較して、車両単独による事故が多くなっており、具体的には工作物衝突や路外逸脱が多く発生している。

また、「75歳以上の高齢運転者は、操作不適による事故がもっとも多い。そのうち、ブレーキとアクセルによる踏み間違い事故は、75歳未満が全体の0.6％に過ぎないのに対し、75歳以上の高齢運転者は7.8％と高い水準にある」と分析しています。

従って、自動ブレーキやペダル踏み間違い時加速抑制装置などを搭載した「安全運転サポート車（サポカー）」に乗り換えるか、「急発進防止装置」、「誤発進抑制装置」を後付けることが望ましいと思います。

しかし、平均寿命が男女とも80歳を超え、90歳、100歳と生きるこれからの時代、最終的には車に乗らない（乗れない）生活が必ず来ることを理解すべきです。もし三世代ではなく夫婦での生活を考えるならば、終の棲家を選ぶ際は、病院やスーパーマーケットに徒歩もしくは公共交通機関で移動できるところにすべきです。そこでの生活に慣れ、楽しみ方を見いだすためには、できるだけ早い段階で移動した方がよいでしょう。もし、そのようなところに生活するならば、退職前に車は不要になるかも知れません。

03 お金を増やすために最初にやるべきこと③

残す人のことを考えた家造り

皆さんのお住まいの土地・建物を相続する人がいます。その人達にとって価値あるものか、ないかを考えましょう。もし、その土地・建物に住みたいならば価値があります。そうでなければ、住みもしない土地・建物に税金を払い、維持費が生じます。これは負債を残すことと同じです。従って、住まないのならば相続する人は売るべきです。皆さんの土地・建物が売れるでしょうか？　売れないならば相続放棄をすべきです。このあたりを相続する人と生前に話し合う必要があると思います。

私の住んでいる上越市の人口は減少していますが、中心部には新興住宅地が生まれています。山間僻地の人が中心部に移動しているのです。

先に述べたように、これからの人生設計を考えたとき、夫婦共稼ぎで退職後も65歳まで働き続けることが重要となります。これからの時代、子育てを全面的にお願いすることは不可能でも、一部をお願いできる肉親がいることはありがたいです。夫婦の両親の協力を得るためには、両親の住居との距離が重要な要素です。

内閣官房一億総活躍推進室から出された「ニッポン一億総活躍プラン」の中で子育てをしやすい環境を作るために、三世代同居・近居しやすい環境づくりとして、UR賃貸住宅、三世代同居住宅を推進しています。しかし、生活リズムが違う親世代との同居は難しいものがあります。西洋には「スープの冷めない距離」という言葉があります。作ったスープをお裾分けで持って行ったときに冷めない程度の距離という意味です。程よい距離感が大切です。

様々な優遇制度

その意味でUR賃貸住宅はお勧めです。UR賃貸住宅とは、都市再生機構という独立行政法人が管理している公的な賃貸住宅なので国の方針を反映しています。特徴として、敷金礼金などがないのに加えて、近居割（UR賃貸住宅に新たに入居する子育て世帯等と、子育てを支援する親族世帯とが近居する場合の家賃を減額する措置）やそのママ割など様々な割引を行っています。さらに「仲介手数料なし」、「更新料なし」、「保証人なし」という特徴もあります。

また、地方自治体でも二世帯で住みやすい住居のための取組をしているところもあります。たとえば、兵庫県神戸市は「親・子世帯の近居・同居住み替え助成事業」というのがあります。具体的には、小学校入学前の子どもがいる子世帯と神戸市内に1年以上居住している親世帯が、近くに住む（同居も含みます。）ことになった場合に、移転した世帯の世帯主に助成金が支払われます。また、神奈川県厚木市の「親元近居・同居住宅取得等支援事業補助金」では、「親世帯が1年以上厚木市に居住して、親世帯と近居・同居のため市外から転入する子世帯（事前相談書の提出日以前厚木市に1年間住民登録のない方）」、「補助対象住宅に3年以上近居・同居をする予定の人」、「住宅の建築工事又は住宅の購入若しくは既存住宅の増改築の工事（改修工事を含む）の契約者」が対象で、子世帯が新たに近居又は同居を開始するために、住宅を新築又は購入した経費を補助しています。

今後、このような取り組みをする自治体は増えると予想されるため、住もうとする地方自治体に問い合わせることを勧めます。

04

教師も副業ができます

副業をするために

副業を解禁する企業が増えています。企業が企業年金を維持することが困難になったため個人年金を勧めるのと同じ文脈だと思います。その一方、公務員は副業に対して障壁がありますが、教員の副業は認められています。

皆さんの同僚にも、お寺の僧侶や、農業、不動産経営に携わっている方がいると思います。本務に支障がない程度の規模の場合は原則認められています。また、最後に語る資産運用も認められています。

このような副業が認められているのは、教育公務員特例法があるからです。その17条（兼職及び他の事業等の従事)では法において積極的に教育に関する兼業を位置づけているのは、他の公務員にない教育公務員の特徴といえます*17。

副業を希望する教員は、教育委員会に「兼業許可書」を提出して、許可してもらう必要があります。ただし、許可するのは任命権者ですが、自分の学校の管理職を無視してよいわけではないので、まずは管理職に相談することが大切です。

実際に申請書に書く内容としては、従事場所や業務内容、従事期間や収入の見込みを書く必要があります。

副業が認められるためには､前提として「本務の遂行に支障がない」ということ。さらに教育公務員としての信用を失墜させるような兼業でないことが当然求められます。常識的な教員だったら、このレベルは当然クリアしているでしょう。

予想される副業には、本・雑誌の執筆や教育関係の講演会や勉強会の講師、また、今後は社会体育のコーチといったものがあります。

副業はよいことなのです

教育公務員に特例が認められているのには二つの理由があると言われています。

第一は、教育に関する他の事業に従事することが、職務の熟達につながり、研修にもなるからという理由。

第二は、教員が専門分野についての知識や能力を最大限に活用することが、教育全体の振興に役立ち、公共の利益のためになるからという理由。

要するに、教師の副業は自ら学習することにつながり、最終的には子どもや地域のために役に立つと考えられているからです。

先に述べたように、副業の可否を判断するのは教育委員会ですが、管理職を無視して申請することはできません。上記を理解していない管理職が少なくないことが、教師の副業を妨げています。

校長が兼業の積極的な意味を理解せず、単に金儲けと理解した場合、教育委員会に申請すれば認められる兼業の申請を、校長の段階でストップすることが起こります。実際、私の勤務する大学の学部・大学院に現役教師の方を講師としてお招きしたとき、謝金を受け取れないという人もいます。また、教育に関係する雑誌や本を執筆しても印税を受け取れないという人もいます。

ぜひ、粘り強く、その副業の社会的意味を丁重に説明してください。

05

ポイント活動をクレジットカードで

Visa LINE Payクレジットカード

クレジット会社でお金を借りると、その利息はかなり高額であることを知っていました。そのため、クレジットカードを使ったり、それと紐付けられたスマホ決済を利用したりすれば高額の利息が取られると思っていたのです。その後、1回払い、つまり分割払いでなければ利息や手数料が発生しないことを知ってキャッシュレス決済を使い始めました。よほどの高額の買い物でない限り店舗は一括払いだと判断します。もし店員さんから「一括払いですか？」と聞かれたら、「一括でお願いします」と言えばいいのです。

使い始めて「はまり」ました。

私は山菜採りが趣味です。山菜は安価で買えるものですが、それがタダで採れるとなると嬉しくて仕方がないのです。まあ、不適切な表現かもしれませんが、誰かに10円をもらっても嬉しくないですが、道で10円を拾うと嬉しくなるのと同じです。

キャッシュレス決済もそのようなものです。一つ一つの還元される金額は小さくとも、タダでそれが集まるとなると嬉しくなります。しかし、調べてみるとなかなか侮れないことがわかりました。

いまのところ、Visa LINE Payクレジットカードがお勧めです。会費無料で2％還元です（詳しくはVisa LINE Payクレジットカードのホームページを参照ください）。他にもいろいろなキャッシュレス決済があります。

他のサービスと比較すると

PayPayの還元率は0.5%～1.5%です。しかし、キャンペーン時に一時的に高還元になります。つまり普段の買い物ではVisa LINE Payクレジットカードより還元率が低く、キャンペーン時に要らないものを購入する危険性があります。

楽天は、自社の様々なサービスを利用するとかなり高率の還元率です。ありとあらゆるサービスを使えば約2割以上の還元率になる場合があります。しかし、それだけの高率の還元率をしても元が取れる仕組みが組み込まれているのです。高還元率にしてポイント上限を上げるためには、無料の楽天カードではなく、年会費2200円の楽天ゴールドカード、年会費11000円の楽天プレミアムカードにする必要があります。毎月何十万円もの買い物をする方か、教師の副業として認められないと思われる「せどり」の副業をする人しかメリットがありません。

そもそも楽天は還元率アップの仕組みが複雑で、高頻度で改訂されます。それを理解し、一つ一つのステップを積み上げるための時間と手間は教師にはないと思います。先に紹介したVisa LINE Payクレジットカードですら、キャッシュレス決済初心者にとっては目眩がするほど複雑に見えるかもしれません。楽天のポイントアップの仕組みは、Visa LINE Payクレジットカードの仕組みの10倍以上複雑です。Visa LINE Payクレジットカードの場合、最初に設定すれば何も考えずにポイントがたまるのでお勧めです。

06 実際のポイント活動のやりかた

店舗条件別の支払い方法の選び方

現状の私の利用法を整理してみます。みなさんも研究してください。

クレジットカードしか使えない店、ネットサービスのクレジット決済ではVisa LINE Payクレジットカードを利用しています。これで2%還元です。

クレジットカードの読み取り機がなく、PayPayのQRコード読み取りのみの店では、PayPayを利用します。ただし、PayPayの標準のヤフーカードではなく、Visa LINE Payクレジットカードをクレジットカードとして登録します。そしてクレジットカード決済に設定します。PayPayはヤフーカード以外のクレジットカードを利用する場合はポイントがつかないので、Visa LINE Payクレジットカードの2%還元のみとなります。しかし、PayPayの0.5%～1.5%の還元に比べれば高率です。

d払いのスマホ決済が使える店は、Visa LINE Payクレジットカードを登録したd払いを利用します。スマホ決済の中でd払いのみは自社以外のクレジットカードであっても0.5%還元があります。従って、2.5%還元になります。

私はアマゾンで買い物することが多いですが、アマゾンの支払いもVisa LINE Payにしています。アマゾンのプライム会員だと、ギフト券をクレジットでチャージすると0.5%のポイントがつきます。ギフト券というとプレゼント専用だと誤解しがちですが違います。Visa LINE Payクレジットカードでギフト券をチャージして買い物をすると2%が還元され、併せて2.5%の還元です。

スマホ決済の中でLINE Payはクーポンに特化したスマホ決済です。そのためクーポンの対象の店を利用する際はかなりの高還元率が期待できます[*18]。

私は通勤に車を使っていて、ガソリン代が毎月2万円はかかります。ENEOSの支払いをVisa LINE PayとTポイントカードと連携して、ポイント3倍デーでガソリンを入れるとVisa LINE Payの2%とTポイントの1.5%が付きます。併せて3.5%還元されます。年で言えば700円×12ヶ月で8,400円もお得です。さらにVisa LINE Payは三井住友カードなので、三井住友カードの「ココイコ!?」に連携してエントリーすれば還元率がさらにアップする場合があります(ENEOSは対象外)。また冬場の灯油にもポイントがつきます。

クレジットカードへの紐付け

これを読みながら、「よく、そこまでやれるな?」と思われるかもしれません。しかし、**最初の登録に少し時間がかかりますが、あとは何も考えなくても自動的にポイントがたまるので楽です。**

銀行の通帳を1年間分調べれば、何が引き落とされているかがわかります。それを全てVisa LINE Payクレジットカードに紐付けています。後で詳しく説明しますが、こうするとかなり高額が還元されます。

なお、携帯電話がdocomoやauである場合、それに連携したキャッシュレス決済で高率の還元を受けられる場合があるので調べてください。ただし、私は先に述べたようにdocomoから格安携帯のY! mobileに変えたのでそれを利用できません。しかし、料金が約半分になり、その分の差額の方が大きいので後悔はありません。

07

確定申告をしましょう

医療費控除をしっかり使おう

確定申告という言葉があることはご存じだと思います。しかし、確定申告をしたことがある方は多くないと思います。税金に関しては事務担当者が処理していて、ご自身で携わるのは年末調整の書類提出くらいでしょう。保険会社から保険料控除のハガキが送られてくるので、あとは事務室から配布される「保険料控除申告書」に記入・提出していると思います。

医療費控除は多くの人に関係することです。

医療費が実質年間10万円を超えている人は、最大200万円の控除を受けることができます。医療費には、申告者だけではなく同一生計の親族のために支払った医療費も該当します。ただし、保険金などで補塡された金額がある場合は、医療費からその分を差し引いて算出する実質負担した医療費のみが対象となるので注意してください。両親が年金暮らしで同居しており、生計を一にしている場合、医療費は両親と合算できます。従って、10万円を超えることは確実でしょう。なお、同居していなくても、経済的に自立しておらず仕送りを受けているならば生計を一にしていると認められる場合があります。

雑収入の申告で還付を受ける方法

医療費控除のほかに、確定申告をしなければならないのは、教師としての収入以外の所得が20万円を超える場合です。そのような方は多くはないと思いますが、雑誌記事を書いたり、講演会の講師を務めたりするなどで数万円程度の収入がある方の場合、確定申告をする義務はありませんが、確定申告をするメリットがあります。特に、自らの職能向上のために本を買ったり、有料の研修会に参加したりする人は、ぜひ、確定申告をしてください。

先に述べた給与所得控除は給与所得に対する控除です。給与以外の所得（これを雑収入と言います）は対象外です。**研修会の講師や教師用図書の執筆などの雑収入に関しては、給与所得控除とは別に必要経費を積み上げることができます。**たとえば、講演会のために買ったレーザーポインター、関係する書籍、交通費などがあります。このようなものを積み上げたら、おそらく、雑収入で得た金額を超えると思います。そこがポイントです。その赤字を給与所得から補填することができるのです。つまり、給与所得の控除に回せるのです。

節税効果に関しては複雑な計算式が必要ですが、教員の場合はしっかりと年末調整がなされているので、ざっくりと言えば、必要経費の1割から2割の税金が還付されます。

雑収入の必要経費として認められるものはどういうものなのでしょうか？　おおよその目安は、確定申告のやり方の本を読めばわかります。しかし、最終的には税務署の判断です。よほど不自然な申告でない限り、我々庶民の確定申告は認めてもらえます。仮に、税務署の人から問い合わせがあったときに、胸を張って説明できるものは必要経費として申請すべきです。仮に認められなくても、悪意はないのですから修正申告をすればよいだけです。

08

退職後も確定申告は必要

退職後の確定申告

退職した後、確定申告は必要でしょうか？　確定申告不要制度により、公的年金の収入金額の合計額が年400万円以下で、公的年金や退職年金以外の収入が年20万円以下の方は確定申告が不要です。従って、教員退職者の場合、退職後は確定申告をする必要はありません。年金機構から毎年送られてくる「公的年金等の源泉徴収票」を見れば確認できます。しかし、確定申告をするとお得になる場合があります。

例えば、夫婦が死別や離婚するケースでは条件により寡婦控除（27万円）やひとり親控除（35万円）が適用されます。

先に述べたように、医療費が年間10万円以上の場合、10万円を超えた金額が医療費控除の対象になります。なお年収200万円未満の方は、総所得金額等の5％を超えた場合が対象となります。パートナーと死別した専業主婦の方の場合は対象となります。

国民年金等の社会保険料は社会保険料控除を受けることができます。既にそれらの金額が大きいことを述べましたが、正しく控除されているかどうかを確認する必要があります。

「家族構成が変わった」、「医療費が多い」、「保険に加入し保険料を支払っている」、「自宅をバリアフリー化した」などに当てはまる場合は、税金が戻ってくる可能性が高いので、確定申告をしましょう。

また、災害や盗難などの被害に遭ったときは、雑損控除を受けることができます。
　マイホームを住宅ローン等で取得、またはリフォームしたときは住宅借入金等特別控除が適用され、10年にわたってローン残高の1%分の控除が受けられます。
　これらのことを知っているかいないかでは大きな差になります。

税の知識は生きるための知識

　確定申告によって様々なメリットがあることに気づかれたと思います。実際には、ここで紹介した以外にもっと多様にあります。それらを記載していたら1冊の本になります。書店に行けば、「申請するだけで貰えるお金」や「節税の裏技」等のタイトルの本が山ほどあるでしょう。ぜひ、その中の1冊をお読みください。多くの項目は無関係だと思いますが、必ず皆さんにとってお得な情報があります。
　それらの多くは確定申告をすることによってお金を得られる場合があるのです。老後は収入が減り、医療費などの支出が多くなります。
　このような確定申告を頭の柔軟な早い時期に始めてはいかがでしょうか？
　確定申告の方法は難しいと思われると思います。しかし、国税庁のホームページには確定申告のサイトがあり、それに事務から貰う源泉徴収票の数字を打ち込むことで8割以上は完成です。そのサイトには、源泉徴収票のどの欄の数値を打ち込めばいいかという説明もあります。わからなければ最寄りの税務署に電話で問い合わせれば丁寧に教えてくれます。**年間を通して、関係すると思われる領収書をため続けることで必要経費として申請できるのです。**

09

ふるさと納税を使ってみよう

ふるさと納税の仕組み

おそらく、ふるさと納税という言葉を聞いたことがあり、それを活用するとお得であることは知っていると思います。しかし、実際にそれを活用している方は多くはないと思います。

ふるさと納税とは、各自治体に寄付をすることによって、寄付額から2000円を減じた金額が所得税・住民税から控除されます。ただし公的に認められた組織に寄付をする制度は以前からあり、その場合は全額が控除になります。それと比べるとお得ではないように思われるかもしれません。

ふるさと納税のミソは、寄付金額に比例した返礼品がもらえることです。各自治体はより多くの寄付を得ようとして高い還元率の返礼品を送るようになりました。それが行き過ぎ、ふるさと納税の趣旨と大きく隔たったため、総務省は返礼品の金額を寄付額の3割以下にするように指導しています。それに反する場合は、ふるさと納税の対象から除外しています。

しかし、調べればわかると思いますが、感覚的には3割を超える返礼品を送ってくれる自治体もあります。電化製品のように定価のある返礼品に比べて、食品に関しては定まった値段はありません。同等品をいくらで販売しているかを調べたら寄付額より多い返礼品もあります。それでも、あくまでも市場価格なので、原価で考えれば十分に自治体に利益が出るようになっています。寄付額を増やそうとする自治体と、総務省とのイタチごっこになっています。

ふるさと納税の始め方

かなりお得だとおわかりになったと思います。しかし、「どうやったらいいかわからない」と思われるのではないでしょうか？　実は私もそうでした。ご安心ください。**「ふるさと納税」で検索すれば、それ専用のサイトが見つかります。各サイトとも競争しているので、お得感や操作性の違いはほとんどありません。**とりあえず、どこかのサイトに入って、操作してください。

私も最初は難しいと思っていましたが、やってみてあまりに簡単なのでびっくりしました。話は横道に逸れますが、私は長い間、セルフの給油をしていませんでした。なぜか難しいものと思い込んでいたのです。ゼミ生達にセルフ給油をしたことがなく、理由は難しそうだからと言ったら、ゼミ生達は目が点になり、そして哀れむような目で笑いながら私を見ました。そこで1人のゼミ生と一緒にガソリンスタンドに行き、セルフ給油にトライしました。あまりにも簡単なので笑い出してしまいました。そしてゼミ生達が笑うのも当然だと思いました。みなさんがふるさと納税を難しいと思っているとしたら、あの時のゼミ生のような気持ちになります。本当に簡単です。繰り返しますが、とりあえず、どこかのサイトに入って、操作してください。

お得なのでどんどん寄付をして、多くの返礼品をもらいたいと思うかもしれません。しかし上限があります。その上限を超えて寄付をしても所得税等の控除にならないのです。その上限は、世帯の人数や所得によって定められています。その上限額はふるさと納税を扱ったサイトで計算することができます。おおよそですが、年収が550万円で夫婦共稼ぎの場合は約7万円が寄附できます。パートナーも同じ年収ならば、パートナーの分も合わせれば合計14万円寄付できます。

いろいろな自治体に総計7万円を寄付すると、寄付額から2000円を減じた金額が所得税・住民税から控除になります。つまり68000円の減税になります。そして寄付額の3割である21,000円相当の返礼品が送られてきます。つまり差し引き19,000円のお得です。夫婦で38,000円のお得です。

ぜひ、トライしてください。先に述べたように難しそうと思っていたのですが、拍子抜けするほど簡単です。仮にわからないところがあれば、サイトの問い合わせ先に連絡すれば丁寧に教えてくれます。もし同僚の中にふるさと納税をやっている人がいたら、その人に教えてもらってください。

各サイトではキャンペーンを行うときがあります。たとえば「ふるなび」というサイトでは、キャンペーン時には最大８％のアマゾンギフト券がもらえます。つまり、7万円の寄付額だったら5,600円のアマゾンギフト券がもらえることになります。返礼品と併せると、かなりお得です。

ふるさと納税のサイトを比較するサイトもありますので、悩んだらそれを参考にしてください。

後で税務処理は必要です

最後に、「ふるさと納税をこれだけやりました」という手続きが必要です。それがなければ所得税・住民税が控除されません。これには「ワンストップ特例」という制度があります。やりかたは簡単です。ふるさと納税のサイトで「ワンストップ特例」を選択すれば、基本的にサイトが手続きをしてくれます。具体的には、申し込みサイトでは「ワンストップ特例制度を選択しますか？」という項目があるので、それを選択すればよいのです。そうすれば、返礼品が届く前後に、自治体からワンストップ特例制度申請用紙というものが届きます。その用紙に必要事項を記入し、自治体に返信します。これでやることは終了になります。

ただし、先に述べた確定申告をするならば、それと一緒にやれば手間が減ります。確定申告の欄にふるさと納税に関する数字を入れればよく、各自治体から送られてくる寄付証明書を手元に保管し、確定申告時に添付すればいいのです。

ふるさと納税サイトの選び方、使い方

ふるさと納税のサイトで大きなものは**「楽天ふるさと納税」、「ふるなび」、「ふるさとチョイス」、「さとふる」、「ふるさとプレミアム」、「ふるぽ」、「ふるさと本舗」等**があります。

それらの選び方のアドバイスです。

第一は、「欲しいもの」を優先させることです。ふるさと納税サイトは宝箱のようです。それらがほぼ無料で得られると思えば、「つい」不要なものを選択してしまいます。とりあえずサイトを覗いて探すのではなく、欲しいものである程度高額なものがあったときに探すことを勧めます。

第二は、基本的にサイト間で差はないということです。自治体がサイトに払うお金は基本的に差がありません。だからポイント還元に差があったとしたら、それには理由があるということです。

たとえば、VISA Line Payクレジットは企業が提供するクーポン券に特化することによって高還元率を実現しています。それに対し、PayPayはキャンペーンに力を入れています。楽天ペイ，auPay、d払いは、系列の会社の関連商品購入に誘導するなどの囲い込みの戦略です。ふるさと納税サイトもこのような視点で見ることが大事です。

第三は、欲しいものをすぐに獲得するのではなく、キャンペーンを狙うことは有効です。先に述べたように「欲しいもの」が第一優先ですが、「いま」でないならば、キャンペーンを待ってみましょう。

Column 2

いますぐ始めましょう！

ここで紹介した節約と副収入は基本的にデメリットがなく、メリットのみです。ただし、最初に色々な手続きをする必要があります。面倒くさいと思われますが、一度設定すれば自動的に節約ができ、副収入が入ってきます。ぜひ、トライしてください。

一番簡単なのは身近な人の中で実践している人がいないかを探してください。何事も耳学問が一番楽です。もし、そのような人がいない場合はネット検索してください。パソコンでの操作画面を示してわかりやすく説明してくれる、素人用の記事が見つかるでしょう。それでもわからないことがあれば問い合わせ先をネットで検索し、問い合わせてください。極めて丁寧に教えてくれます。

そして、何はともあれVisa LINE Payクレジットカードの作成をしてください。

実は、もう一つ大きな節約の方法があります。それは保険です。皆さんの入っている民間の生命保険・医療保険を解約すれば年間で約40万円の節約になります。これはポイント活動、確定申告、ふるさと納税より桁違いに大きいです。しかし一方、解約することの心理的抵抗は大きいと思います。ですので、次章でジックリとご説明したいと思います。

3章

教師に生命保険・医療保険は必要ありません

皆さんは民間の保険に入っておられると思います。私が若い頃、先輩からは掛け捨ての保険と、貯蓄型の保険に入るべきだとアドバイスを受けました。そのアドバイスに従って、結婚を機に掛け捨て型保険と貯蓄型保険に入りました。私と同じように保険に入っておられる方も多いと思います。我々は年間約40万円を民間保険に費やしています。

公益財団法人生命保険文化センターの「生命保険に関する全国実態調査（平成30年度）」によると、生命保険加入世帯における生命保険（個人年金保険を含む）の年間払込保険料は、38.2万円となっています。つまり、月に約30,000円の支払いをしていることになります。

ここでは本当にそれが必要かを考えてみましょう。

01

我々が払っている お金の実態

共済掛金はお得な保険料です

給与明細を見ると、そこには共済短期掛金、共済厚生掛金、共済退年掛金という欄がありかなりの金額が天引きされています。いずれも公立学校共済組合に関わる掛金です。

共済短期掛金は組合員や家族の病気やケガ、出産などのサポートを行うためのお金や、休業する際の給与の代わりに支払われているお金に使われています。たとえば、出産のための休暇や育児休暇を取った際に、出産手当金、育児休業手当金として、共済組合から支払われていますが、その原資は共済短期掛金なのです。

共済厚生掛金は先に話した厚生年金の掛金です。

共済退年掛金も教職員の年金に関係するお金で、退職する際に退職年金の半分は有期退職年金、半分は終身退職年金として支給される年金があります。これが退職等年金給付です。有期退職年金の支給期間は、10年または20年のいずれかを請求時に選択できます。つまり教育公務員には国民年金、厚生年金に加え、退職等年金給付の三つの年金が支給されます。ただし、**退職等年金給付は一時金として受け取ることが可能です。**では、一時金として受け取るのと、10年または20年の有期年金として受け取るのと、どちらが有利でしょうか？　これは**長くお勤めの方（つまり、圧倒的大多数の教員の場合）は、一時金として受け取る方が有利です。**

10年または20年の分割にしていれば、その間の運用益が加算されるので額面支給額は一時金として受け取る支給額を上回ります。しかし、一時金として受け取る場合は、先に説明した退職所得控除の対象となります。長くお勤めの方ならば、退職金と併せて、ほぼ無税で受け取れます。一方、有期年金で受け取る場合は所得税・住民税がかかります。そのため手取額は一時金として受け取るより低くなります[*19]。このことにご注意ください。

まとめると、共済短期掛金、共済厚生掛金は民間保険の生命保険や医療保険に対応し、共済退年掛金は退職金の積立だと思ってください。さて、その共済短期掛金、共済厚生掛金の合算はいくらでしょうか？おそらく5万円前後だと思います。つまり年間で60万円給料から差し引かれています。さらに言えば、実際の半額を都道府県が負担しているのです。つまり、我々は年間120万円の保険に強制的に加入しているのと同じなのです。

最後に補足します。健康保険法第3条および厚生年金保険法第12条による適用除外を除くので、ほぼフルタイムの勤務をしている人が健康保険及び厚生年金の被保険者資格を持ちます。

再任用はフルタイムで

退職後に再任用で働く教師の数は増えています。再任用全体の約２／３の人がフルタイム勤務ですが、その方々は被保険者になります。結果として保険料の半分は都道府県が負担してくれます。扶養家族の保険料は無料となります。そして、厚生年金も増加します。しかし、そうでない約1/3の方は被保険者になれません。多くの人は国民健康保険に入ることになります。保険料は全額自己負担です。国民健康保険には扶養者という考えがないので、共済保険では免除された扶養者の保険料も生じます。そして、厚生年金は加算されません。従って、**再雇用で働くとしたらフルタイムの方が圧倒的に有利です。**

02

互助会と付加保険料について

互助会から受けてるメリットは？

最後に互助会掛金を説明します。互助会掛金は共済組合掛金とは別です。互助会は「教職員互助会」といって各都道府県及び政令市に存在している教職員のための組織です。目的は教職員の相互扶助及び福利増進です。もう少し具体的にいうと、教職員の教養向上・福利厚生に関する事業、給付事業、信用事業などの事業を行っています。共済組合と目的は近いですが、各自治体の教職員のために組織されているという点が大きく違います。

具体的な事業内容は各互助会によって金額などは異なっています。結婚金や出産金といったお金を受け取ることができます。医療費の補助を行っている互助会もあり、各自治体の互助会のHPを一度、見ることを勧めます。長野県教職員互助組合は本人室料差額といって、保険診療による入院で室料の差額を負担した際に給付金があり、保険外の歯科医療を受けたときの給付まであります。他にもリフレッシュ休暇助成金として勤務年数に応じて祝い金がもらえることもあります。また、互助会が運営する宿泊施設を利用する際の宿泊補助もあります。

互助会掛金は自治体によって違います。ざっくりいうと年間の支払額は月額給料の100分の1と考えてください[*20]。

さて、天引きされる金額の正体がわかったところで、皆さんに強調したいことがあります。

教員は年間約60万円以上もの（共済短期掛金、共済厚生掛金、互助会掛金）の保険に強制的に入っています。それも半額は地方自治体が負担しているので、民間の保険に置き換えれば年間約120万円以上の保険に加入しているのと同じです。当然、それだけの掛金をかけているのですから、その保障内容は充実しています。それを踏まえて、保険の見直しを検討します。結論から言えば、在職中はもちろん、退職後も民間の保険に入る必要性はほとんどないというのが私の結論です。

民間保険の保険料の5割は人件費等です

民間保険を理解するには付加保険料を理解する必要があります。

2008年11月にインターネット専業の保険会社ライフネット生命が、保険料の中に含まれる「付加保険料」について公表しました。**付加保険料とは保険会社の経費として使われる保険料部分です。**具体的には人件費や店舗経費がそれにあたります。ライフネット社で2割から2割5分なのです。この数値を公表したのはおそらく業界初だと思います。なぜ、公表したのかと言えばインターネット専業ゆえに、この付加保険料を抑えることができ、それによって保険料が安いことをアピールするためです。では、**一般の保険会社の付加保険料はどれくらいでしょうか？　約5割なのです**[*21]**。つまり、皆さんの納めている保険料の約半分は、保険会社の人件費と店舗経費に費やされているのです。**

世の中には終身の生命保険があります。また死亡したときの補償のある終身の医療保険もあります。我々は必ず死ぬのです。すなわち必ず死亡一時金や積立金がもらえます。先に述べた付加保険料を含めて、それが成り立つように設計されている保険商品です。たとえば「100万円を納付されますと、死亡時に50万円の死亡一時金が支払われます。」というような保険商品なのです。

03

生命保険は必要と思いますか？

年金からは死亡一時金も出ます

死亡一時金は、国民年金の保険料を納めた月数が36ヶ月以上あり、老齢基礎年金・障害基礎年金を受けないまま亡くなった時、その方によって生計を同じくしていた遺族に支給されます。死亡一時金の額は、保険料を納めた月数に応じて120,000円～320,000円です。ざっくりと言えば、葬式代の赤字の補填分になります。

遺族基礎年金とは？

共済組合の組合員が死亡したとき遺族に年金が給付される遺族年金という制度があります。遺族年金には遺族基礎年金と遺族厚生年金の二つがあります。

遺族基礎年金は国民年金につながっている遺族年金です。20歳から国民年金の保険料を25年以上払っているともらえる権利が生まれます。これは18歳未満の子どもがいる配偶者、または子どもに対して払われるものです。18歳未満の子どもの数が1人の場合は約100万円の年金がもらえます。子どもの数が2人だと約120万円、3人だと約130万円の年金がもらえます。ざっくりと言えば子どもの養育費と理解してください。もし、残されたパートナーが教師として勤めているならば、子どもが18歳になるまでは十分な支援となります。

遺族厚生年金

遺族厚生年金は子どもの有無に関わらずもらえます。これは厚生年金と繋がっています。だから、こちらは「勤め始めて」から共済厚生掛金を25年以上払っているともらえる権利が生まれます。賞与を含めての平均月収が40万円から45万円、つまり年収480万円から540万円の場合、遺族厚生年金は52万円。遺族基礎年金がもらえない人、つまり、18歳未満の子どもがいない40歳から65歳の女性は、これに中高齢寡婦加算として59万円が加算されます*22。

最後に注意点があります。厚生年金に関しては二重取りはできません。自分が厚生年金をもらえるようになると、パートナーの遺族厚生年金か自身の厚生年金のいずれかを選択しなければなりません。自身の厚生年金の方が高額だと思いますので、そちらを選ぶことになります。先に紹介した中高齢寡婦加算はそのつなぎの意味があります。

もしも夫婦共稼ぎ、即ち、残された方が働いているならば、上記の遺族年金を受け取れるならば、高額の生命保険に入る必要性はないと思います。

ざっくりとした表現で言えば、**結婚を機に生命保険に特化した安価な掛け捨て保険に加入します。勤め始めて25年以上になり、遺族基礎年金および遺族厚生年金の資格を持ったときに、それをやめるのです。**安価な掛金であっても長い年月を掛け続ければかなりの高額になります。我々はパートナーの死によって儲ける宝くじを買っているのではありません。最後の資産形成のところで詳しく説明しますが、その安価な掛金を資産形成にまわす方が、生命保険より効率のよい自己防衛になります。言うまでもないことですが、定年後に関しては生命保険の必要性はありません。

04 医療保険は本当に必要ですか？

現職教員の医療保障

共済組合、教職員互助会にこれだけの掛金をかけているのですから、医療保障も充実しています。共済組合の医療保障は全国一律ですが、教職員互助会の保障は各自治体の互助会によって内容が違っているので調べることを勧めます。自治体によってはかなり手厚いサポートがある場合があります。たとえば、長野県教職員互助組合の「福利のしおり」からいくつか紹介しましょう。

本人療養費の給付について、たとえば、本人が骨折をして、医療機関で保険診療を受けた時に給付金があります。給付金は（窓口負担額－共済負担額―2,000円）×80％の計算式で計算されます。もし保険診療が高額になった場合も自己負担の限度額は4,000円です。つまり、治療費に4,000円以上の自己負担がありません。先に述べましたが、長野県の互助会は本人室料差額といって、保険診療による入院で室料の差額を負担した際に給付金があります。また、保険外の歯科医療を受けたときの給付まであります。

先に述べたように教員は民間の医療保険（以降　医療保険）ならば年120万円の掛金相当の保険に強制的に入っているのと同じです。だから、年間数十万円の医療保険に入る必要性はありません。共済組合、互助会の保障内容と、医療保険の保障内容を読み比べてください。

退職後の保障

現在、60歳定年で5年間の再雇用ができます。**老後のことを考えると、ぜひとも再雇用されて65歳まで働きましょう。この5年間は共済組合の保障の対象です。**さらに手続きをすれば2年間延長することができます。注意点は、在任中の保険料の半額は地方自治体が負担していたのですが、延長期間の保険料負担は全額本人負担になります。高くなったなと感じると思います。それでも、共済組合の保障は充実しているので2年の延長を勧めます。特に1年間の延長は必須事項です。

後に説明しますが、退職後には国民健康保険に入る人が大多数です。その掛金は、前年度の収入に基づいて請求されます。延長手続きをせずに国民健康保険に加入すると、退職1年目は年金収入なのに、現役世代の給与で計算された保険料が請求されてしまいます。それ故に、延長手続きが必須なのです。

パートナーが年下の専業主婦（主夫）の場合、もし定年60歳で仕事を辞めたならば、パートナーは国民年金の第３号被保険者から外れます。いままで免除されていた、年間20万円の国民年金の掛金を払わなければなりません。パートナーが年下の専業主婦（主夫）の場合は、その意味でも再雇用が必要になります。共済組合の保障から脱した後で、再就職しない場合は、「国民健康保険に加入する」か「家族の健康保険の被扶養者になる」の二つの選択肢の中から選ばなければなりません。

いずれかを選択し、保険料を支払い、保障を受けることになります。しかし、どの健康保険を選択しても共通していることが二つあります。

第一は窓口負担が70歳までは３割、70歳から74歳は２割、75歳以降は１割負担が原則です。ただし、夫婦2人世帯で収入額520万円以上、1人世帯で収入額383万円以上の場合は3割負担です。従って、年金で生活している教師退職者は3割負担に該当しません。第二は高額療養費制度があります。これは次に詳しく説明します。

05

国民健康保険について

国民健康保険について知っておこう

国民健康保険について説明します。国民健康保険の保険料支払い基準は前年度の世帯年収と世帯加入人数をベースとして算出しています。住んでいる地域の役所で教えてもらうことができます。多くの地自体では概算を算出できるシートをホームページ上に公開しています。その計算において注意してほしいのは、国民健康保険には扶養という考え方がないので、世帯全員分の保険料が必要になります。

計算式は複雑で都道県、市町村ごとに違います。たとえば上越市の概算シート[*23]を使って計算してみました。条件は、夫婦は同い年で、65歳まで働いて教諭として退職した。2年間の共済健康保険の延長をして、67歳で国民健康保険に入った。つまり年齢は両方で67歳、世帯の総収入額は420万円（1人210万円の年金×２）で計算してみました。

医療分が33万円で、後期支援分が11万円、併せて年間44万円。それに介護保険料が必要になります。介護保険料は住んでいる市町村によって計算方法が変わります。だから正確な値は市町村の担当者に聞くことを勧めます。しかしおおよそ、夫婦で20万円弱必要と考えてください。従って、夫婦で毎年60万円強のお金が差し引かれることになるのです。

なお､75歳になると国民健康保険から後期高齢者医療制度に変わり、国民健康保険から外れます。パートナーが75歳未満である場合は、世帯の人数が変わるので、パートナーは改めて国民健康保険に入り直す手続きが必要です。

家族の健康保険の被扶養者

国民健康保険以外の選択肢としては、家族の健康保険の被扶養者になることです。しかし、年収が130万円未満（60歳以上の方は180万円未満）で、同居していることが条件です。教師の年金は210万円以上ですので、教師退職者の場合は適用されません。ただし、もし、専業主婦（主夫）で国民年金のみの収入で、子どもが同居している場合は適用されます。この場合は保険料が不要になり、同居する子どもに扶養手当が出ます。ただし、この場合でも介護保険料は納付しなければなりません。さらに75歳以上になると被扶養者から外れ、後期高齢者医療制度に入らなければなりません。その結果、介護保険料に加えて後期高齢者医療制度での保険料は払わなければなりません。ただし、2年間の軽減措置があります。

以上をまとめると、現役時代、我々はかなり高額の保険料を払っています。退職後も高額の保険料を払うことになります。それには選択権はありません。しかし、高額の保険料に見合った十分な保障も付いています。それを理解しましょう。**そもそも退職後の収入から考えて、国民健康保険以外の医療保険にさらに加入する余裕はありません。**実際、医療保険加入率は年齢が上がれば低下します*24。支出可能な保険料も年齢が上がれば低下します*25。

結局、解約するか、ダウンサイジングするしかないのです。

06

もしもに備えるべきか？ ①

医療保険と車両保険の違い

職員室に来る保険会社の人は「もしもの時に備えて」と言って、医療保険を勧めます。繰り返しになりますが、**医療保険は不要です。一方、自動車保険と火災保険には加入すべきだと思います。**

両者とも「もしも」の点は同じです。しかし二つの点が違います。第一は、「もしも」に求められる金額が違います。以降で説明しますが医療保険の対象としている「もしも」で必要になる金額はそれほど高額にはなりません。一方、車の事故や火災が起こった場合、莫大なお金が必要です。第二の違いは、医療で「もしも」が起こったとき、それに対して多くのお金を払うか、払わないかを自ら判断できます。たとえば何百万円もの高額医療を提案されたとき、その医療を受けるか受けないかを自分で判断できます。ところが車の事故の場合は、強制的に払わなければならないのです。火災の場合も住む場所は必ず必要です。医療に関してどのような制度があり、いったい「もしも」のことが起こったらどれくらい必要なのかを詳しく説明しましょう。

高額療養費制度

国民健康保険（当然、共済組合の保障も同様です）は医療に関して広範囲に保障しています。様々な医療を受ければ、際限なく高額になると心配されている方も多いでしょう。だから、保険会社の人から「もしも」ということを言われると弱いのです。しかし実際は際限なく高額になるわけではありません。最大がどれくらいかを理解しましょう。

保険適用の医療費には国民健康保険の高額療養費制度が適用されます。夫婦共稼ぎの教諭で退職した夫婦だったら、年収は210万円×2で420万円です。しかし、もろもろの控除、公的年金等控除や国民健康保険のような社会保険の控除を引かれれば370万円以下になるでしょう。その場合は自己負担限度額の月額上限は57600円です。さらに言えば、4ヶ月以上の長期になれば月額44000円が上限になります。

なお、国が指定する難病（ベーチェット病、多発性硬化症、重症筋無力症、潰瘍性大腸炎、パーキンソン病等の300以上の病気）の場合は、難病医療助成制度が適用され、その難病に対する医療費の上限は高額療養費制度の半分以下になります。

高額介護合算療養費制度

病気ではなく、老化や介護を心配されるかもしれません。これに対しては、国民健康保険の高額介護合算療養費制度というのがあります。高額介護合算療養費制度とは1年間の医療保険と介護保険における自己負担額が著しく高額になる場合、基準額を超えた金額が払い戻される制度です。所得が370万円以下だったら、70歳未満で60万円、70歳以上で56万円が上限です[*26]。

老人ホーム・介護施設に入所すれば入居費は850万円から1,125万円となります。夫婦で1,700万円から2,500万円かかります[*27]。莫大なお金です。それをもとに「もしも」と保険会社の方は言われるでしょう。

しかし、老人ホーム・介護施設に入所した人の割合は数％です[*28]。皆さんのお知り合いの中で施設に入所した人はどれくらいですか？もちろん、あなたが施設に入所する確率は数％あります。保険は宝くじであり、博打です。博打をするより確実な資産形成の方を勧めます。

07

もしもに備えるべきか？ ②

国民健康保険の適用外とは？

国民健康保険では保障されず、医療保険のみが保障しているのは次の通りです。

入院時の食事代
入院したことによってかかる雑費や日用品代
差額ベッド代
家族の見舞いの交通費
業務上の病気やケガ
通勤途上で起きた事故
日常生活や疲労による肩こり・腰痛等の整骨院、鍼灸、マッサージ等の施術
予防注射
正常なお産
美容整形手術
健康診断、結核診断、人間ドックなど
その他、医師が治療を必要と認めないもの

保険適用外の治療費や手術代
高度先進医療費

上記を順に考えてみましょう。

「入院時の食事代」、「入院したことによってかかる雑費や日用品代」、「差額ベッド代」、「家族の見舞いの交通費」は入院に関わるお金です。

医学の進歩によって入院期間は大幅に短くなり、減り続けています*29。まあ1ヶ月以内と考えていいでしょう。そのため、「入院時の食事代」、「入院したことによってかかる雑費や日用品代」、「差額ベッド代」、「家族の見舞いの交通費」などは莫大な金額にはなりません。

「業務上の病気やケガ」、「通勤途上で起きた事故」は退職者に無関係です。現役時代は共済ではなく労働者災害補償保険（労災保険）で保障してくれるので心配ありません。

「日常生活や疲労による肩こり・腰痛等の整骨院、鍼灸、マッサージ等の施術」、「予防注射」、「正常な出産」、「美容整形手術」、「健康診断、結核診断、人間ドックなど」、「その他、医師が治療を必要と認めないもの」のために医療保険に年間何十万円も掛け続ける人はいないでしょう。

高度先進医療は必要か？

最後に残るのは保険適用外の治療費や手術代、高度先進医療費です。

高度先進医療として有名な重粒子照射は314万円が請求されます。もしもの時に、この先進医療を受けたいと思い、高額の保険料を払い続けるか否かの判断は人によってわかれると思います*30。

保険適用か保険適用外にするかは先進医療会議で「技術的妥当性（有効性、安全性、技術的成熟度）の評価」、「社会的妥当性（倫理性、普及性、費用対効果）の評価」、「保険収載の必要性の検討」、「実施状況等を踏まえた先進医療としての継続の可否の検討」などによって判断されます。それらが高く評価されたならば高額であっても保険適用になります*31。逆に言えば、保険適用になっていない先進医療はそれまでに至っていないということです。その治療のために数百万円、数千万円の先進医療や国内未承認薬の投与を望まない人は多くはないと思います。

ただし、働き盛りで、子どもが小さくて、何が何でも治療して治したいと思う人はいると思います。その人は先進医療に特化した医療保険に加入することも考えられます。SOMPOひまわり生命の「リンククロスコインズ」という保険は先進医療に特化した保険です。具体的には「先進医療にかかわる技術料相当額2,000万円まで」、「臓器移植に1,000万円」を保障しています。20歳から69歳が申し込めて、保険期間が満了した場合、被保険者の健康状態にかかわらず、年齢の上限なく自動更新されます。つまり、終身なのです。

さて、保険料はいくらだと思いますか？　保険料は月々500円、つまり、年6000円なのです。保障額に比べて破格に安いです。つまり、これで商売が成り立つほど、先進医療を利用するケースは希だということです。

保険は博打なのです。もし民間の保険を解約したならば、最後に説明する投資に回せるお金が格段に増えます。投資によって増えたお金で「もしも」に備える方が、医療保険で備えるより遙かに有利です。医療保険は厳密な確率計算によって商売が成り立っています。最後に紹介する投資も厳密な確率計算によって投資を運営しています。従って、リターンの大きさは手数料の多寡によって定まるのです。

総務省の資料によれば、掛金が還元される割合は、宝くじ、サッカーくじは約5割、公営競技（地方競馬、競輪、オートレース、競艇）は約6割です*32。保険会社の付加的保険料を思い出してください。確率論から言えば、保険に入るより、公営競技が「まし」となります。

言うまでもないことですが、ガン保険に入ったとしてもガンになる可能性を下げることはできません。むしろ、ガンにならないためにお金を使いましょう。**生活習慣を改善し、人間ドックのような定期的な健康診断を受ける方が、はるかに「もしも」に備える方法です。**

4章

いまからできる教師の投資術

ここまで書いたことを復習しましょう。

第一に、老後の生活はかなり厳しいことを述べました。我々教員が手厚い保障で守られていること、そのために多額のお金を納めていることを述べました。それを踏まえて民間の保険が必須ではないことを述べました。そして、教師にも副収入や節約によってかなりの金額を生み出すことができることを述べました。

本章では投資の説明をします。節約や副収入によって生み出した「お金」を投資に回すことによって豊かな老後を実現できることを本章で述べたいと思います。

おそらく、投資という言葉を聞いて皆さんは「胡散臭い？」と思い、自分とは関係ないと思われたでしょう。たしかに先物投資やFXなどの短期の株の売り買いは「博打」です。だから、そのような博打に走らずに、コツコツと貯金をすることが大事だと教えられていたと思います。しかし、海外の富裕層は長期分散投資によって確実に資産を増やし続けていました。それはずっと昔からです。

最近になって、富裕層しかできなかった投資法が、素人で忙しい人でも安全で簡単にできるようになりました。

さて、本題に入りましょう。

01

銀行預金は資産形成に向きません

利息はいまやないも同然に

貯金はいいことだと皆さんは信じていると思います。日本人の金融資産の半数は貯金です[*33]。しかし、貯金するといいことは何ですか？貯金するとお金はどのくらい増えますか？

日本の銀行の預金の利息がどれくらいか知っていますか？　多くの銀行の普通預金で0.001％、定期預金が0.002％の利息しかありません。100万円を預金していても、1年間で10円か20円の利息しかつかないのが現実なのです。その利息も税金が課税され目減りするのです。もしも休日にATMで引き落とすならば手数料110円を取られ、利子分は軽くなくなります。それでもお金は増えているからいいと思ってしまう人が多いのです。

利息は物価との相対的なものです。1965年と2010年でものの値段を比較すると多くのものが5倍以上の値段になっています。1965年に105円だったカレーライスは742円（7倍）に、うどんは54円から595円（11倍）に、はがきは5円だったのが2010年で50円にいまでは63円になっています。

ただし、最近の物価は安定しています。IMFの発表した2019年の消費者物価上昇率によればベネズエラは約20000％も上昇しました。つまり1年で200倍になったのです。こうなるとお金になんの価値もありません。2位はジンバブエで255.3％の上昇です。つまり、1年で2.5倍以上値上がりしたのです。では、日本はどれくらいなのでしょうか？

日本は166位で、0.48％の上昇です。世界的に見れば物価は安定している国家です。しかし、銀行の利率を考えてください。普通預金と定期預金の金利はそれぞれ0.001％と0.002％なのです。つまり、銀行に預けるということは、物価上昇率からみて、毎年、約200分の１だけ目減りしていることになるのです。

資産運用に任命権者の許可はいりません

本章では投資を説明します。皆さんの中には、公務員がそんなことしていいのかと心配する方もおられると思いますので最初に申します。任命権者の許可はいりません。投資という資産運用は私的財産の保持形態を変える行為なので副業にはあたりません。たとえば、あなたが2000円で服を買ったとき、あなたはお金という財産を服という財産に保持形態を変えたのです。それと同じです。

皆さんの中には共済組合の積立貯金をされている人も多いと思います。銀行の利率よりかなり高率になっていると思います。あれは共済組合があなたからのお金を、あなたの代わりに資産運用をしているのです。投資信託会社があなたからのお金を、あなたの代わりに資産運用しているのと同じ仕組みです。つまり、共済組合の積立貯金をやっている方は既に資産運用をしているのです。積立貯金をするとき任命権者に許可を得ていませんよね。

資産運用はOKですが、勤務時間に株価や為替相場をチェックすることは、職務専念義務違反になります。どうしてもやりたい場合は、「職務専念義務の免除の承認」を申請しなければなりません。しかし、絶対に認められません。まあ、そのような申請をする方はおられないでしょう。**教員はただでさえ多忙なので、つまり、基本的に「ほったらかし」にできる資産運用がお勧めなのです。**

02

いまは貯蓄よりも投資をすべきなのです

単利と複利

利息には単利と複利があります。これから説明する投資につながる話なので簡単に説明します。単利というのは預けたお金のみに対して利息がつく制度、複利は預けたお金に加えて、そこについた利息にも利息がつく制度です。

ちなみに複利というのは古くはローマ法にも記述が見られる利子の概念で、目新しいものではありません。でも、あの偉大な物理学者のアインシュタインが「人類最大の発明」、「宇宙で最も偉大な力」と呼んだくらい、金融では絶大な力を持つものです。

わかりやすく説明します。100万円を年利５％の利率だった場合の表です。

数年のうちは大きな差はつきませんが、長期で考えると大きな差が生じます。この計算は元本100万円で計算しています。厚生労働省の「国民生活基礎調査（各種世帯の所得等の状況）」（平成30年度）によれば、児童のいる世帯で723万円の貯蓄があり、高齢者世帯で1213万円の貯蓄があります。銀行の貯金等の貯蓄を５％複利で増やせたとしたら、退職時にかなりのお金が貯まることになります。そうしたら複利の収益だけで老後の支出と収入の差額を補填できます。

本書を読まれている方ならば、私が5%という言葉を前提にしていることに違和感を持たれたと思います。先に述べたように、銀行の利息は５％どころか0.1％もありません。その通りです。**銀行に貯金するのではなく、5％のリターンが期待できる金融商品に投資をすべきなのです。**

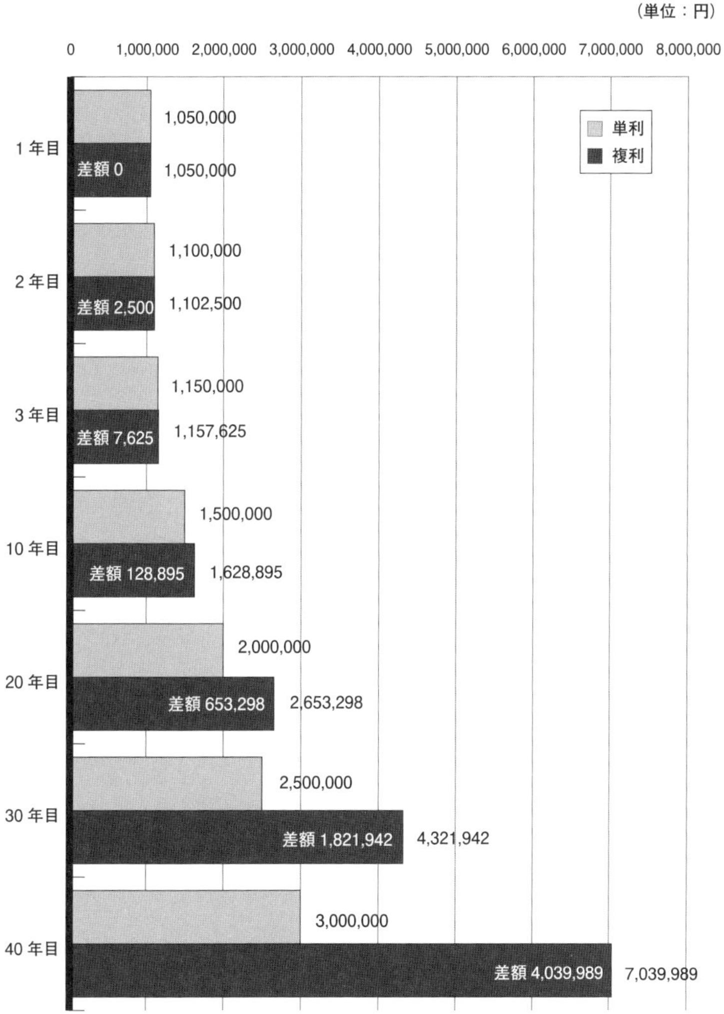

03

投資の中でも確実性の高いものを

様々な投資があるけれど…

「投資」とネットで検索すれば山ほどヒットすると思います。投資に関連する本も多数出版されています。投資の関連動画もYouTubeなどを中心に大量に存在しています。簡単投資、これだけで投資がわかる、儲かる投資、1000円からでも始められる投資などなど……多すぎてなかなか選ぶことができないと思います。同時に、ものすごく胡散臭いものを感じると思います。

長期分散投資という戦略

投資に関して特殊な能力は必要ないと思います。後に紹介する世界最大の投資家のバフェットはものすごくシンプルな原理原則で投資をして成功しています。もちろん、その原理原則に気づける点が天才の天才たる所以ですが。

投資にはいくつかの方法があります。**そんな投資の中でもお勧めなのが長期・分散投資です。**

まず長期の投資の重要性を説明します。

日本は不景気だ、不景気だといわれています。バブル崩壊以降は経済成長していないような印象を受けると思います。でも、実際の成長曲線は長期的に見ると上がっています。

世界に目を向けても、過去25年の間に様々な金融危機がありましたが、成長を続けています。金融危機といえば、リーマンショックが有名です。アジア通貨危機やギリシャ通貨危機、チャイナショックなどあげだすとキリがありません。金融危機を世界は何度も経験しています。最近も2020年の前半にコロナの影響で株価が大幅に下落しました。リーマンショックは「100年に一度の危機」といわれて多くの投資家が大損害を出しましたが、世界経済は時間をかけてそのマイナスを取り返し、むしろ成長しています。

次に、分散投資とはその名の通り、分散して様々なものに投資するという方法です。たとえば一つの会社の株に投資をして、会社が倒産してしまえば株の価値はゼロになり、投資した資産はなくなってしまいます。現在、会社の寿命が短くなっています。企業は起業して約10年で3割が倒産し、約20年で半分が倒産する時代なのです[*34]。しかも、どの会社が倒産するかを予測するのは、非常に難しく、不可能です。2020年のコロナ禍のような事態では、絶対に大丈夫と思われていた企業であっても倒産の危機を迎えたり、株価が大きく下落したりしています。

ETFという商品を知っておこう

先に述べたリスクを避けるために多くの会社に分散して投資する必要があります。それを実現するのがETF（上場投資信託）と呼ばれる金融商品です。ETFは2016年の金融庁の金融審議会･市場ワーキング･グループの報告書においても推奨されている金融商品です[*35]。

ETFでは１社の株だけでなく、数千社の株を組み合わせて買うことでリスクを低くしています。多様な金融商品と組み合わせることもできます。多様なETFを組み合わせれば、どれかが下がっても他で補いながら緩やかな上昇をしていくようになります。そうやって損失のリスクをおさえ、上昇を目指している金融商品です。

04 ロボアドバイザー投資について

投資一任型ロボアドバイザー投資って？

どのETFを選べばいいか、そもそもどう取引したらいいかは一般の教員はわからないと思います。そこで教員にお勧めしたい投資の方法が、ロボアドバイザー投資です。ロボアドバイザー投資とは何なのかを詳しく説明していきます。

ロボアドバイザー投資とはロボ（AI：人工知能）が自動的に投資すべきETFを決めて自動で買い付けをする投資信託です。ロボアドバイザー投資には「アドバイス型」と「投資一任型」が存在していますが、以降で説明するのは、投資の全てをロボに任す「投資一任型」です。

「投資一任型」のロボアドバイザー投資には大きなメリットとして、以下の点があります。

（1）投資に対する知識や経験がほとんど必要ない。
（2）自分で投資対象商品を選ばなくていい。
（3）勝手に運用してくれるので時間が必要ない。
（4）AIが運用してくれるので、長期運用ができる。

リスク許容度は個々人で違う

投資一任型のロボアドバイザー投資の大手であるWealthNavi（ウエルスナビ）では簡単な質問によって、その人のリスク許容度を測定します。後に説明しますが、投資を成功させるには長期的に「なにもしない」ことが大事です。短期的に売ったり、買ったりすれば、それは博打になり、大きく損をする可能性があります。

とはいえ、人の心は弱いものです。大きく暴落したら、損が拡大する前に売り逃げたいと思うのは仕方のないことです。しかし、そこで売れば、損につながるのです。リスク許容度とは、どれほどの暴落に耐えられるかという許容度なのです。リスク許容度の低い人にはローリスク・ローリターンで運用し、リスク許容度の高い人にはハイリスク・ハイリターンで運用します。

ローリスク・ローリターンのプランでは比較的安定度の高い物価連動債券や米国債券の割合が高くなります。一方、ハイリスク・ハイリターンの場合は米国株、日欧株、新興国株などの株の割合が高くなります。

最初100万円、毎月3万円の積み立てで、WealthNaviが始まった2016年1月から2020年12月までの５年間運用した場合、ドル建ての運用実績は一番のローリスク・ローリターンのプランで+25.5％、一番のハイリスク・ハイリターンのモデルで+45.6％になっています。すなわち年5％～9％の運用実績です。

ロボアドバイザー投資の手数料は1％で、銀行や証券会社に株の売り買いしてもらう手数料よりは低く設定されています。

ロボアドバイザー投資では投資をした日だけでなく、随時、世界経済の変化にあわせて、AIが自動で売買するので、毎日のように世界経済の動向や株価の変化を見て、売るか買うかを判断したり、投資先について調べたりする必要もなくなります。

05

ロボアドバイザー投資に資産を任せられるか？

資産の保障が心配なら

このロボアドバイザー投資に関して、「もし、証券会社が倒産したら」という心配をされている方もいるでしょう。かなり極端な心配ですが、それだったら銀行も同じです。規模の小さい信用金庫でしたら、資産規模はロボアドバイザー投資の会社と同等かそれ以下です。

仮に倒産しても、銀行の場合は1000万円まで保証してくれます。しかし、その意味で言えばロボアドバイザー投資の方が安全です。金融商品取引法によって顧客の財産と証券会社の財産は分別管理することが定められています。だから、仮に倒産しても顧客の財産は守られています。それに最悪、その業者が違法な業者で分別管理をしていない場合、日本投資者保護基金が1000万円まで保証してくれます。つまり、**金融資産が1000万円以下の人の場合は銀行と同レベルの保証が受けられるし、金融資産が1000万円以上の人は証券会社の方がより安全ということになります。**少なくとも証券会社を選ぶ際は日本投資者保護基金の会員であるか否かを確認すべきです。ちなみに、先に紹介したWealthNaviは会員です。

長期分散するほど安全になる

長期分散の安全性に関して補足します。

たとえばWealthNaviの場合、アメリカ株（VTI）、日欧株（VEA）、新興国株（VWO）、米国債券（AGG）、米国不動産（IYR）、さらに金、物価連動債に分散投資をしています[*36]。その他にも金や物価連動債にも分散投資しています。

様々な金融商品にどの割合で分散投資するか表したものを「ポートフォリオ」といいます。先に述べたように、リスク許容度によってETFの比率を変えています。以下がWealthNaviの各リスク許容度別のポートフォリオです。WealthNaviではウイリアム・シャープ[*37]の資本資産価値モデル（CAPM）に基づき算出しています。

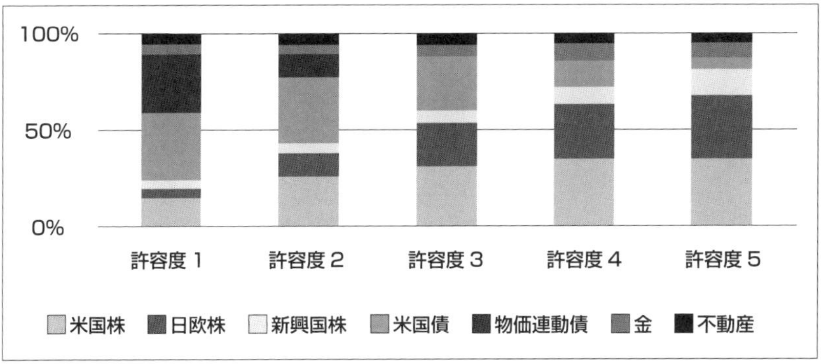

結果として、50カ国、1万1千銘柄に分散投資しています。これくらい分散投資していたら、全世界に投資していることになります。全世界に投資しているならば、それは全世界のGDPに連動します。GDPをもの凄く簡単に説明すると、「一人一人の労働生産性」×人口です。発展途上国では技術革新によって労働生産性が上がることは100％確実です。そして世界人口が増加することも確実です。だから分散投資をすれば確実に利益が生じます。

とはいえ、「うまい話には……？」と思うのが当然です。とりあえず、ネット等でロボアドバイザー投資に対する評価を調べてから次節をお読みください。

06 ロボアドバイザー投資の賛否

長期分散投資の安全性

ロボアドバイザー投資をネットで調べると、賛否両論だと思います。私はロボアドバイザー投資を推薦していますが、ロボアドバイザー投資を蛇蝎のように否定する方々の主張は理解できるし、正しいと思っています。

え？　と思われましたか？　説明します。

反対者も長期分散投資そのものには反対していません。**投資の世界では長期分散投資は最も理にかなった資産運用であることは常識です。逆に、それ以外は博打であることも常識です。**

世界的な投資家であるウォーレン・バフェットは、S&P500に連動する投資を勧めています。S&P500というのは、上場されているアメリカ株の中で代表的な500銘柄をもとに算出される株価指数です。つまりバフェットはその500銘柄を中心に分散投資することを勧めています。この分散投資は安全でしょうか？

1957年から2019年の年末のS&P500のポイントの推移で調べてみましょう。まず1年後の値動きだと1958年から2019年までの61年間の中で下がった年は17年ありました。つまり、大体は上がっています。しかし、リーマンショックの前後の2007年末と2008年末を比べると61.5％まで低下しました。分散投資であっても短期の場合は博打になります。

10年単位で比較します。たとえば、1957年末のS&P500の値と、10

年後の1966年の値を比べると2.0倍になっています。そのようにして1966年末から2019年末まで10年ごとの値を比較すると、53年間の中で値が下がったのは4回です。平均1.9倍になっています。

同様に比較を20年単位で比較します。たとえば1957年末のS＆P500の値と、20年後の1976年の値を比べると2.7倍になっています。そのようにして1976年末から2019年末まで10年ごとで比較をすると、43年間の中で値が下がったのは0回なのです。それはリーマンショック後の2008年も例外でありません。2008年の20年前の1989年と比べると2.5倍になっています。20年間の平均リターンは4.3倍です。

同様の操作を30年単位でやれば、当然暴落した年はありません。平均で9.3倍になりました。

分散投資であっても短期の株の売り買いは博打ですが、長期の視点に立てば安全で高利回りとなります。

手数料

反対する人の理由の第一は手数料です。ロボアドバイザー投資の多くは手数料が1％です。一般的には1％は暴利とは思わないでしょう。しかし、5％のリターンを想定しているならば1％は暴利と見えます。否定する方々は自分でETFを取引できる人たちです。その人たちには暴利と見えるし、たしかに暴利です。

ETFの運用を直接行うことができれば、手数料は1％より大幅に下げることができます。たとえば、アメリカのバンガード社のS&P500 ETFの手数料は0.03％です。我々が直接バンガード社と取引することは困難だから日本の証券会社を介することになります。たとえば楽天証券を介して取引すれば手数料は0.06％です。それにしても1％の手数料よりかなり少ないです。だったら、それの方がいいのではないかと思うのは当然です。1％の手数料は暴利だとするロボアドバイザー投資に反対する人たちの主張は当然です。

07 暴落したら慌てるのが普通。だからロボアドバイザー投資①

大暴落しても投資を続けられますか？

しかし、話はそう単純ではありません。これが1990年からのS&P500の年末終値です。

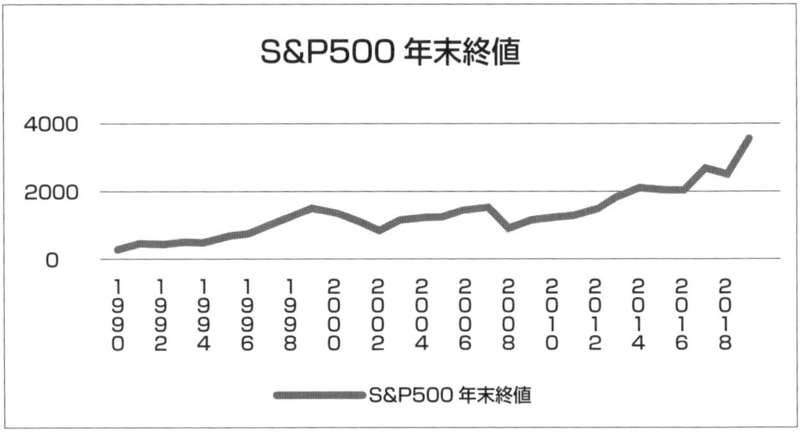

S&P500はアメリカ株の株価指数です。その結果、アメリカの景気に影響されます。アメリカの景気は1999年にピークを迎えました、ところが2001年末にアメリカのエネルギー会社のエンロンが破綻し、2002年にアメリカの大手通信会社のワールドコムが破綻しました。その結果、2002年末には879.82ポイントまで下落しました。1999年末の1,469.25ポイントに比べると約4割の下落です。2007年末には1,468.36ポイント

になり1999年末ぐらいに戻りましたが、2007年のリーマンショックで2008年末は903.25ポイントまで下がりました。現在は上昇傾向を維持していますが、1999年末のレベルに復帰したのは2012年末です。つまり、**1999年末にS＆P500に連動するETFを持っていた人は、損をしないようにするには2012年末まで持ち続ける必要があるのです。**

投資家の中には株オンリーの分散投資を勧めている人もいます。たしかに、長期的に見ればリターンは大きいと思います。しかし、リターンは大きいが、リスクも大きいのです。**二度の大暴落の中で売らずに持ち続ける心の強さのある人がどれだけいるだろうかと思います。少なくとも私には無理です。**

! 短期的な投資結果は常に浮き沈みするもの

以下に示すのは2000年から2019年の間の様々なETFの年間リターンの変化です[*38]。

	米国株	日欧株	新興国株	米国債	物価連動債債	金	不動産
2000	－10.9	－14	－30.7	11.6	13	－6.6	23.9
2001	－11.9	－21.3	－2.5	8.4	7.7	1	10.6
2002	－20.5	－15.7	－6.1	10.2	16.3	23.5	3.5
2003	30.8	39	56.1	4.1	8.2	21.1	35.4
2004	12.8	20.6	25.8	3.8	8.3	4.1	30.2
2005	6.3	13.9	33.8	2.3	2.5	17.8	8.9
2006	15.7	26.7	29.4	3.9	0.6	22.5	34.9
2007	5.4	11.9	37.3	6.6	－0.5	30.5	－18
2008	－37	－40.7	－52.5	7.9	－0.5	4.9	－39.9
2009	28.9	27.5	76.3	3	8.9	24	30.5
2010	17.4	8.3	19.5	6.4	6.1	29.3	26.6
2011	1	－12.3	－18.8	7.7	13.3	9.6	5.5
2012	16.5	18.6	19.2	3.8	3.8	6.6	18.2
2013	33.5	21.8	－4.9	－2	－2	－28.3	1.2
2014	12.5	－6	－0.1	6	3.6	－2.2	26.7
2015	0.4	－0.4	－15.8	0.5	1.8	－10.7	1.6
2016	12.8	2.7	12.2	2.4	2.4	8	7
2017	21.2	26.4	31.5	3.6	2.9	12.8	9.3
2018	－5.2	－14.8	－14.8	0.1	0.1	－1.9	－4.3
2019	30.7	22.6	20.8	8.5	8.3	17.9	28.2

08

暴落したら慌てるのが普通。だからロボアドバイザー投資②

ETFを組み合わせてリスクを下げる方法

前節の表を見ればリターンの値がめまぐるしく変わっているのがわかります。最近は比較的株のリターンが高いですが、2000年から2002年はリターンが極端に低迷していました。そして、株が低いときは、債券や金や不動産が相対的に高くなる傾向があります。株が暴落すると、安全を考えて投資家は株を売って、それ以外の金融商品を買おうとします。逆に、株が高騰すると、債券や金や不動産を売って、株を買います。つまり、株と債券や金や不動産は補完関係といえます。

次の図は、米国株単独、米国株と日欧株と新興国株の平均、すべての平均、それぞれのリターンです。

ご覧になればわかるように、株単独より債券・金・不動産に分散投資した方が安定しています。株だけの分散投資ではこの効果が現れません。

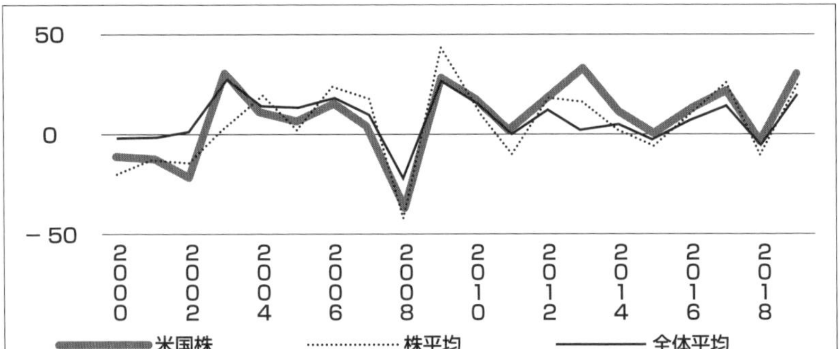

暴落の後遺症

極端な暴落はその後に影響を与え続けます。たとえば、100万円があったとしましょう。50％値上がりすれば150万円となります。でも次の年に50％値下がりすれば75万円になります。逆に最初に50％値下がりすれば50万円になり、次の年に50％値上がりすれば75万円になります。つまり50％の値上がりと50％の値下がりの組み合わせでは相殺されるのではなく、25％の損なのです。1.5×0.5は0.75だからです。

これが5％の値動きならば1.05×0.95＝0.9975となります。つまり、極端な暴落は後に尾を引くことになります。

富裕層や機関投資家はリーマンショックのような暴落が起こったとしても、運用資金に余裕があるので損切りするために慌てて売り逃げようとする必要はありません*39。20年、30年、それ以上の視点で長期運用をします。先に述べたように、20年以上の視点で考えるならば、リーマンショックであっても儲けることができるのです。しかし、我々にはそのようなことはできません。毎日の株価の上下に一喜一憂することを乗り越えたとしても、10年以上塩漬け（つまり、確実に手を付けない）できるお金はそう多くはありません。色々なことで投資金額を取り崩さなければならない場面もあり得ます。我々は、とりあえずしばらくは手を付けないお金、即ち、必要があれば手を付けるかもしれないお金を運用するしかありません。もし、手を付けなければならない時が暴落時期であれば、大きな損が生じます。

株は基本的に上昇します。しかし定期的に暴落するのも避けられません。それ故に、**株を債券や金などと組み合わせたポートフォリオによって、定期的に来る株の暴落の下落を抑え、毎年の株価の上昇を積み上げるのが、我々一般人が安定したリターンを保障する道なのです。**

09

ポートフォリオの維持管理

リバランスが必要です

ポートフォリオの重要性についてご理解いただけたと思います。ロボアドバイザー投資では投資の透明性を高めるためにポートフォリオを公開しているところも多いです。たとえば先ほど示したようにWealthNaviのポートフォリオは公開されていますから、あれと全く同じポートフォリオで運用したら、WealthNaviと同様の利益が出ます。いや、手数料が低いから、もっと高い収益を得られます。先に紹介したように楽天証券等で取引できる方は、それも選択肢の一つです。ロボアドバイザー投資に反対する人達の論拠はそこにあります。

しかし、そうわかっていてもロボアドバイザー投資を勧めます。長期分散投資は基本的に売り買いをせずにそのままにしていますが、微調整が必要です。たとえば、米国株の割合が全資産の25%と設定したとして、米国株が暴落したらその資産価値は下がります。つまり全資産に占める割合は下がります。逆に、株が暴落すれば債権が高騰し、その割合は高まります。**そうしたときには割合の高くなったものを売って、そのお金で割合の下がったものを買い足してバランスを取らねばなりません。これをリバランスといいます。**それに、そもそものポートフォリオも定期的に見直さなければなりません。たとえば米国株をどのETFで運用し、その割合は何%にするかを決めなくてはならないのです。

どうやって株で儲けたらいいと思いますか？　当然ながら、値下がりする前に売って、値上がる前に買うことです。理屈はそうですが、そんな見通しを確実にすることはプロでもできません。もし、それを確実にできるとしたら、内部情報によるもので、インサイダー取引という違法行為になります。結局、値下がりし始めて売って、値上がりし始めたら買うことになります。しかし、値下がりが一時的なのか大暴落の予兆なのかは誰もわかりません。逆に値上がりが一時的なのか大高騰の予兆なのかはわかりません。だから、機を逸して損してしまう危険性があります。これが短期投機の危険性です。

人は揺れ動く

長期投機の場合は、暴落しても持ち続けることが基本です。できれば、暴落したときに買い足すことができたら、株を安く買って、市場が高騰に転じたときに大きい利益を得られます。しかし、**「素人」にはそれができません。暴落している時に買い足すことなんてできません。この時にもしロボアドバイザー投資に任せていたら、先ほど説明したリバランスが効いてくるのです。**

米国株が25%のポートフォリオだったとします。米国株が暴落すると資産全体の中での割合が低くなります。一方、先ほど説明したように米国株が暴落すると債券が高騰するので資産全体の中で割合が高くなります。結果として、ポートフォリオからずれます。そうすると、自動的に値上がった債券を売って、値の下がった米国株を買ってバランスを取ります。それによって相対的に安く米国株を多く取得し、暴落から復帰するときに大きな利益を生み出します。これは素人の心臓ではできないことです。

10 投資の節税対策と投資に向いている人

節税対策をどうするか？

ロボアドバイザー投資は節税対策もしてくれます。基本的に株や債券や金や不動産は現金化されたときに損益が確定し、それに税金がかかります。だから、現金化していないときには税金はかかりません。しかし、債券・株の分配金・配当金には税金がかります。そういうときには、**損が出ているものを現金化し損を確定し、分配金・配当金を相殺することによって節税をします。**たとえば、株が高騰しているときは、債券の価値が下がっています。そのとき債券を売り、損が生じていることを確定し、分配金・配当金を相殺するのです。その税務処理が終わると同時に、売った債券と同じだけ債券を買いポートフォリオを維持するのです。このことによって税金でひかれるはずだった分配金・配当金を投資に回せるのです。

カリスマ投資家より儲けている人

WealthNaviのようなポートフォリオであれば、S&P500のような暴落はありません。しかし、それでも価値の上下はあります。さっき言ったメンテナンスをするとなると、頻繁に口座をチェックしなければなりません。そうすれば素人の我々は相場の上下に一喜一憂してしまい、長期投資の方向がぶれてしまいます。

投資の世界では有名な話があります。**証券会社のフィデリティによると2003年～ 2013年の調査で投資の成績がよかった人の属性は「亡くなった人」と「運用しているのを忘れている人」だそうです。**少し補足をします。「亡くなった人」とは遺産相続でもめて、相続が長年にわたって確定せず、そのため取引ができなかった口座のことを指します。「運用していることを忘れている人」も当然､取引がありません。いずれも、何もしないことが一番なのです。

少なくとも教員の場合は手数料を払ってもロボアドバイザー投資に任せた方がいいと思っています。ロボアドバイザー投資の手数料が高いと言っている人達にとっては、日本の証券会社を介して、多様なETFを購入すること、メンテナンスすることは至極簡単だと思います。そして、長期分散投資の意味をよくわかっているから、暴落しても素人よりは動揺が小さいでしょう。その人達にとっては、こんな簡単なことをするのに１％も手数料を取るのは高すぎる、ちょっと勉強して自分でメンテナンスするべきだと考えるのは至極当然だと思います。

しかし、彼らは自分を基準にしてしまい、一般人の度胸のなさと、手間をいやがることをわかっていません。もし、自分でメンテナンスすることに拘った場合、おそらく大多数の教師は投資を諦めてしまいます。それは最悪の判断です。だから、手数料を払ってもいますぐに始める方が遙かにいい判断です。

11

借金してでも投資する時代

投資のシミュレーション

ロボアドバイザー投資で運用した場合のシミュレーションをしましょう。既に毎月2万円、ボーナス時に10万円の積み立てをしている人を想定しましょう。それをロボアドバイザー投資に振り替えます。計算を単純にするため毎月4万円を積み立てて、ボーナス時に帳尻を合わせるとします。投資で年複利5%のリターンで計算します。

複利・積み立ての計算するサイトによれば、10年後には約620万円になります。20年後には約1600万円になります。30年後には約3300万円になります。40年後には約6000万円になります。

もし、先に述べた保険の解約（月3万円）、電力会社（月千円）・携帯会社の変更（月1万５千円），クレジットカードのポイ活（月５千円）などをすれば、積立額は無理なく4万円から9万1千円に増やせます。

先と同じ計算をすれば、10年後には1,400万円、20年後には3,700万円、30年後には7,450万円、40年後には1億3,500万円になります。これならば50歳代でも老後対策ができます*40。もちろん、「いざというとき」の医療費も困りません。

貯め続けるために

以上の話は、ため続けて取り崩さないことが前提となっています。

しかし、大きな出費があったら取り崩す必要があります。

たとえば、結婚式があります。しかし、結婚式の場合は、大抵は出席者のご祝儀で収支トントンになります。逆に言えば、トントンになるぐらいの式にすべきです。

次は家の建築や購入です。確かに大きな出費です。

ところで皆さんは借金をしてはいけないことだと教えられたのではないでしょうか？　だから、投資したお金の蓄えがあれば、それで借金せずに家を建てようとするとします。そうすればローンの金利を払わなくてすみますから。しかし、超低金利のいまは、その考えは正しいとは言えません。住宅ローンの金利ってどれくらいだと思いますか？　住宅ローンの返し方によって金利は様々ですが、固定金利で大体1％以下で、変動金利で0.4～0.6％くらいです。普通預金の利子は0.001％なのだから十分に銀行には利益があります。家は高い買い物です。その１％だってかなりの額になります。しかし、投資によるリターンが5％ならば、それを取り崩さずにローンで返せば得なのです。さらに言えば、前に述べた住宅借入金等特別控除という住宅ローンに関する税の優遇があります。おそらくこの節税効果で金利分は十分に取り返すことができます。変動金利ならば、節税効果でより多く返ってくるかもしれません。このあたりは家を建てるときに、建築業者に聞けば教えてもらえます。

ローンの返済が大変だったら、その時期の積立額を下げたり、停止したりすればいいのです。とにかく、そのままに置いておくことが大事です。仮に切り崩す必要があっても、最低限にとどめることが大切です。これは車の購入や、子どもの進学資金でも同様です。

最後はご両親のお葬式があります。結婚式のご祝儀と違って、葬式の香典は額が低く、持ち出しが大きくなります。しかし、**長期分散投資を行っていれば、そのころには資産形成はでき上がっています。**

12 あなたの老後を守るには投資が必要①

今後の投資

退職までにいくら貯めたらいいかを設定しようとする方もおられるでしょう。40歳代より若い方の場合、それをする必要はないし、そもそも不可能です。将来、年金支給額と年金支給開始年齢がどうなるかわかりません。本書はいまの制度、いまの統計に基づいて説明しました。今後、本書で説明した以上に厳しくなり、退職までに準備すべき金額が増えることが予想されます。従って、「できるだけ増やす」が基本方針です。

政府が推奨しているETFだって実際に取引が始まったのは1990年、日本では1995年からです。今後、ETFよりも有利な投資方法が生まれるかもしれません。**しかし、長期・分散・積み立てという方向性は揺るがないと思います。教員が投資のプロにならなくていいし、そもそもプロにはなれません。**先のフェデリティの話でわかるように、投資のプロよりも何もしない長期分散投資のリターンが多いのです。しかし、投資に関してのアンテナを高くし続ける必要があります。

投資をしてみるとわかると思いますが、投資を始めるとアンテナを高くしようと思わなくても間違いなく社会に目を向けるようになります。なぜなら社会の動きが自分のお金に連動するからです。いままで何となく見ていたニュースが一気に我が事になるでしょう。もちろん短期的な値動きに、反応する必要はないし、反応してはいけません。

一方、**長期で考える視点でいれば、きっと大局的に日本社会や世界を見ていく力が身に付きます。そして、その力は子どもの前に立つ教師として間違いなく必要な力になります。**

私は本書を読む方がうらやましいです。私は現在61歳で退職まで4年しかありません。皆さんは長期分散投資に関して最大の武器である、時間を持っています。これからの定年前の人生を定年後のために、すべてを捧げよと申しているわけではありません。本書でシミュレーションした積み立てプランは無理のないプランです。十分に普通遣いできる預金を別に貯めることはできると思います。また、理由があるならば、積み立てた投資金額を取り崩し、意味ある人生に生かすことも「あり」です。ただ、常に長期の視点に立ってください。

まず始めましょう

本書を定年間際の懇意にしている校長先生に読んでもらったら、がっくりされていました。我々には若い人の持っている時間がありません。しかし、それでもできることはあります。とりあえずは手をつけないお金があるならば、それを日々目減りする銀行預金ではなく投資にまわすことはできます。ちなみに、私はそうしました。ただし、相場は動きます。一定以上手をつけなくてよいお金だったら、暴落したときに換金することを避けることができます。そのようなお金だったら投資にまわすこともありだと思います。

大事なことなので繰り返します。ETFを使っての長期分散投資は確実な投資です。世界中の金融資産に分散投資をしているのですから確実に値上がりします。もちろん、たとえば核戦争が勃発したり、巨大隕石が落下したりするレベルのことが起これば別ですが、そのような状態だったら投資云々を議論するレベルではありません。だから我々が想定する範囲内の社会においては、ETFを使った長期分散投資は確実です。ただし、あくまでも「長期」という前提です。

13

あなたの老後を守るには投資が必要②

いまは異常な株高騰

冷静に考えてください。コロナ禍によって世界レベルで経済活動は低迷して、多くの企業が倒産や赤字になっています。それにも関わらず米国株の様々な指標は最高値を更新し続けています。明らかに不自然です。量的緩和策などの経済政策によって、不自然に好景気誘導されているが現状の株価高騰なのです。それはプラザ合意によって生じたバブル景気と同じです。そう遠くない先に大幅な下落が「必ず」来ます。しかし、いつ来るかはわかりません。その下落を待ってから投資をするとしたならば、現在の上昇期を逸してしまいます。**まず始めることが大事です。そして、暴落しても動揺せずに投資をし続けることです。**

先に述べたように、単年度レベルならば値が下がることは十分にあります。10年でも下がる可能性はあります。私が確実だと申しているのは、20年、30年、40年というレベルであることを理解してください。

どうしても投資が怖いという人のために

長期分散投資の複利の効果は投資期間が長くなるほど効果が高まります。また暴落のリスクに対しても投資期間が長くなるほど低くなります。

逆に言えば投資期間が短い場合、相対的にリターンが低く、リスクが高まります。だから、定年が近い人で、とりあえず10年以上手を付けないでもよいお金がない人の場合は、ロボアドバイザー投資が最善とは限りません。また、教師は安定志向の人が多いので、どうしても投資が不安という気持ちがぬぐいきれない人もいます。

その場合はどうしたらよいでしょうか？

65歳から受け取れる年金を70歳まで繰り下げるのです。1ヶ月繰り下げるごとに受給額は0.7%増えます。5年間で42%受給額が増えます。つまり年8%以上のリターンを得られます。もしも68歳で亡くなった場合は、繰り下げ手続きをしなかった時の、65歳から68歳までの年金は遺族に支払われるのでデメリットはありません。リスクとして考えられるのは70歳以上82歳未満で亡くなると損になります[*41]。

投資が不安だという気持ちはわかります。我々が何歳まで生きるかわからないのですから､いかなる投資にもリスクはあります。しかし、投資をしなければリスクがないというのは誤りです。先に述べたように**銀行に預ければ、確実に毎年0.5%目減りするのです。投資しないという判断もリスクを伴った「投資」の一種であることを自覚しましょう。**

日本人は貯金が老後対策だと思い込んでいます。しかし、貯金という老後対策は、長生きすることが災難だと思う対策なのです。退職後も収入を得ることこそ、長生きを喜べる老後対策です。日本という社会は一定レベルに達し、今後大きな成長は期待できません。一方、これから発展する国々は世界に多くあります。それらの国々に資金を応援し、その成長の果実を我々の老後に生かしませんか？

14

NISAやiDeCoは勧めません

NISAが勧められない理由

国が推奨している資産形成としてNISAやiDeCoがあります。ここで整理して紹介したいと思います。

NISAは国が勧めている制度です。NISAは少額からの投資を行う方のための仕組みです。NISAにはNISAと積立NISAの2種類があります。

NISAでは最大年間120万円で5年間の積立てた金額（即ち最大600万円）を、ETFや株に投資し、その運用益が無税になります。税金は約2割ですので、大きな節税効果が期待できます。一方、積立NISAも同様ですが、非課税投資枠が年間40万円で、非課税期間が20年間である点が違います。即ち最大800万円の投資に対する運用益が非課税になります。

しかし、私はお勧めしません。

既に説明したように、老後に備えるには数千万円のお金が必要です。それとの隔たりが大きいのがお勧めしない第一の理由です。

株やETFは換金し、損益が確定したときに税金が決まります。NISAが税金免除になるのはこの段階です。手続きをすれば換金する時期を延ばすことができます。しかし、その期間には限りがあり、いつかは換金しなければなりません。もし、その時期が暴落期間だったら、その時点で換金したら損になります。もし、換金しなかったら、非課税対象から外れることになります。それ以降に換金したら普通に税金がかかってしまいます。つまり、長期運用で大事な「いつ換金するか？」という自由を制限されます。それがNISAを選ばない第二の理由です。

NISAの投資対象となるETFや株の種類が限られており、ポートフォリオを自らが決定し、維持管理しなければなりません。多くの教師にとってそれは面倒なので、極めて単純なポートフォリオを選択すると思います。即ち、一種類のETFや一社の株を選択するでしょう。それが博打であることは既に説明したとおりです。結果的に、暴落し、暴落し続ける期間が長引く危険性があります。それが第二の理由に連動するのです。これが第三の理由です。

第四の理由は、ETFを利用するためには口座開設等の手間がかかるからです。もの凄く簡単と言えば簡単なのですが、素人には抵抗があると思います。結果、途中で断念する危険性があります。しかし、投資をしないという選択は最悪の選択です。

ロボアドバイザー投資の問題としてNISAを利用できないことを指摘する人がいます。しかし、最近になってロボアドバイザー投資でもNISAが利用できるようになりました。しかし、上記の理由から私はそれを勧めません。

❗ iDeCoが勧められない理由

iDeCoは公的年金にプラスして給付を受けられる私的年金制度の1つで、国が推奨している年金の仕組みです。公務員の場合は月に12,000円で年に144,000円の投資が上限です。iDeCoへの掛金は全額、所得控除できるので節税対策になるというメリットがあります。教員の平均給与と月に12,000円の掛金で計算すると毎年約24,000円の節税になります。数十年で考えると大きな節税になります。

しかし、NISAと同じ理由でお勧めしません。老後に必要な金額と

の隔たりが大きいのが第一の理由です。第二はポートフォリオが単純になり暴落の危険性があるのが第二の理由です。第三は、利用にかかる手間が素人には抵抗があるのが第三の理由です。

あらゆる金融商品は必ずいつかは暴落します。それは何時起こるかは専門家でもわかりません。暴落が起こることは確実ですが、長期分散投資ならば、必ず暴落後の高騰で十分に値上がりをします。それを信じられるか、信じられないかがわかれ目です。信じられなくても当然です。その場合は、NISAやiDeCoは十分に検討に値する金融商品です。ご自身で調べ判断してください。ただし、それらでは十分な老後の備えになりません。別な方策も併用しなければなりません。そしてNISAやiDeCoの節税効果は確実ですが、ETFや株を運用しているのですから短期レベルならば暴落はあることは同じなのです。

ETFによる長期分散投資を心配する方もおられます。しかし、それに代わる選択肢を提示されているとは思えません。結局、投資はせずに貯金しなさいという道しかなくなってしまうのです。せいぜい言って国債を買いなさいというアドバイスですが、リターンが小さすぎます。

本書はいまの事実に基づいて書きました。しかし、お金のことは大事なことです。ぜひ、本書を手がかりに、自分自身で情報収集し、自己責任でご判断ください。その判断が皆様の定年前及び定年後の人生を豊かに、安心できるものであることをお祈りいたします。

あとがき

最近は公立学校のブラック勤務が問題になり、離職者が増えています。しかし、公立学校の教師の生活はブラックなのでしょうか？

民間の離職率は一般労働者で11.4％、パートで26.4％です[*42]。地方公務員全体の離職率は1.1％ですが、教育職は0.67％です[*43]。つまり教員のブラック勤務が問題になっていますが、学校の外の状況はもっと「真っ黒」なのです。

では教員であれば安泰でしょうか？　おそらく、安泰だとなんとなく思っている人が多いと思います。教員になる方の大多数は地元志向と安定志向が強い人です。大都会でない、生まれ育った地方において、安定して一定以上の収入が得られる職業の代表格が教員です。みなさんの職業選択において、上記の要素が大きいと思います。

繰り返します。教員であれば安泰でしょうか？　おそらく在職中は大丈夫だと思います。少なくとも民間よりは相対的には安定しています。しかし、老後は大丈夫でしょうか？

結論から言えば、大丈夫ではありません。

親方日の丸で、老後は都道府県が守ってくれるという考えは捨てなければなりません。我が身は自分で守る時代です。本書の中でいかに厳しい老後が待っているかを説明します。おそらく若い方々はビックリすると思います。そして、本書ではその対策を紹介します。

老後の対策は長い時間をかけなければなりません。おそらく若い方々の退職は65歳になると思います。いや70歳になるかもしれません。20歳代前半の方の場合は40年以上かけて対策ができます。35歳の方だったら30年以上かけられます。対策が遅くなれば遅くなるほど不利になります。

退職間近の方でも、いまからでも本書で紹介している対策をやるべきです。私は61歳です。退職まで4年です。それでも本書に書いたことをやり始めました。更に言えば、退職後の方々も対策をすべきです。具体的にはとりあえず10年以上は手を付けないお金があれば、それを対策に使うのです。また、本書で紹介した節約法を活用し、それを対策に使うのです。若い方に比べて不利ですが、いまからでも始めることで老後を「まし」に生き残る唯一の術です。

いま、もっと若い頃に本書に書かれたような内容を知っていたら、と後悔しています。でも、遅くてもやり始めました。この後悔が本書を書こうとした動機の一つです。

本書は現在の税や年金等の制度で説明しています。しかし、若い方々の場合は、皆さんが退職する頃には制度が大きく変わる可能性があります。そして、いまより厳しい条件になることが予想されます。だから、いますぐ本気になって取り組まないと大変なことになります。

上越教育大学大学院教授
西川 純

付録１　条件別　教師の老後費用シミュレーション

老後に必要となるお金を算出するために、前提となる数値を定めましょう。

老後に必要となるお金は、先の総務省の家計調査をもとに夫婦で450万円としましょう。では、単身者はいくらにしたらいいでしょうか？

夫婦で生活すれば、住宅費・光熱費・食費等は単身者の2倍になるわけではありません。持ち家の固定資産税が半分になるわけではありません。そこでラフに考えて300万円と仮定しましょう。ただし、それでは終わりません。

夫婦の支出が450万円という数値は、総務省の家計調査（2019年）の年収552万円以上の世帯のデータに基づくものです。年収が552万円以上の人たちは現役世代で、その人達の多くは年金関係の保険料の半額は勤務先が負担しています。退職後に入る国民健康保険は在職中と違って全額自己負担です。夫婦の国民健康保険及び介護保険の総和が60万円だとすれば、保険料が一人15万円増えると概算できます。結果的には夫婦で480万円、単身で315万円を年間支出とします。

年金は、校長退職者は240万円、教諭退職者は210万円、専業主婦（主夫）は国民年金の80万円とします。退職後に生活を維持していた配偶者が年金を受け取れる年齢に達していない場合、加給年金が貰えます。令和2年度で39万円ですが、40万円とします。

夫が5歳年上で、夫婦とも、65歳まで働くとします。夫が85歳まで生きて、妻が90歳まで生きるとします。

以下のシミュレーションでは18歳以下の子どもはいないとしました。上記の前提年齢ならば、子どもがいたとしても18歳以上になっていると考えるのが一般的だからです。従って遺族基礎年金は無関係です。

遺族厚生年金は、校長は年100万円、教諭は80万円とします。遺族厚生年金と自分自身の厚生年金の2重取りはできません。「夫が85歳まで生きて、妻が90歳まで生きる」の条件の場合は、教員退職者の妻は夫に先立たれる時点で既に厚生年金を受給しているので、遺族厚生年金は受給できません。専業主婦（主夫）のような厚生年金に関わらない遺族は遺族厚生年金を受給できます。

遺族厚生年金の中高齢寡婦加算は65歳未満の女性に関わることです。夫が85歳まで生きた場合、5歳年下の妻は80歳なので全てのケースに無関係です。上記の遺族年金に関しては保険の章を参照ください。以上の前提で、教諭として働く人がいなくなった以降のシミュレーションをします。ご自身のケースを探してください。

ケース１　夫婦共に校長退職者

夫70歳、妻65歳から夫84歳、妻79歳の15年間（年間収入は240万円（年金の合算：以下　年金）×2＝480万円、年間支出は480万円、差額は0円。）15年間で0円

妻80歳から89歳の10年間（年間収入は240万円（年金）、年間支出は315万円、差額は-75万円。）10年間で-750万円。

以上　-750万円。

ケース２　夫が校長退職者で妻は教諭退職者

夫70歳、妻65歳から夫84歳、妻79歳の15年間（年間収入は240万円（年金）+210万円（年金）＝450万円、年間支出は480万円、差額は-30万円。）15年間で-450万円。

妻80歳から89歳の10年間（年間収入は210万円（年金）、年間支出は315万円、差額は-105万円。）10年間で-1050万円。

以上　-1500万円。

ケース３　夫が教諭退職者で妻は校長退職者

夫70歳、妻65歳から夫84歳、妻79歳の15年間（年間収入は240万円（年金）+210万円（年金）＝450万円、年間支出は480万円、差額は-30万円。）15年間で-450万円。

妻80歳から89歳の10年間（年間収入は240万円（年金）、年間支出は315万円、差額は-75万円。）10年間で-750万円。

以上　-1200万円。

ケース４　夫婦とも教諭退職者

夫 70 歳、妻 65 歳から夫 84 歳、妻 79 歳の 15 年間(年間収入は 210 万円(年金）×２＝ 420 万円、年間支出は 480 万円、差額は -60 万円。）15 年間で -900 万円。

妻 80 歳から 89 歳の 10 年間（年間収入は 210 万円（年金)、年間支出は 315 万円、差額は -105 万円。）10 年間で -1050 万円

以上　-1950 万円

ケース５　夫が校長退職者、妻が専業主婦

夫65歳、妻60歳から夫69歳、妻64歳の5年間(年間収入は240万円(年金) +40 万円（加給年金）＝ 280 万円、年間支出は 480 万円、差額は -200 万円。）5 年間で -1000 万円。

夫 70 歳、妻 65 歳から夫 84 歳、妻 79 歳までの 15 年間（年間収入は 240 万円 +80 万円（国民年金）＝ 320 万円、年間支出は 480 万円、差額は -160 万円。）15 年間で -2400 万円。

妻 80 歳から 89 歳の 10 年間(年間収入は 80 万円(国民年金)+100 万年(遺族厚生年金）＝ 180 万円、年間支出は 315 万円、差額は -135 万円。）10 年間で -1350 万円。

以上　-4750 万円

ケース６　夫が専業主夫、妻が校長退職者

夫 70 歳、妻 65 歳から夫 84 歳、妻 79 歳までの 15 年間（年間収入は 80 万円（国民年金）+240 万円（年金）＝ 320 万円、年間支出は 480 万円、差額は -160 万円。）20 年間で -2400 万円。

妻 80 歳から 89 歳の 10 年間（年間収入は 240 万円（年金)、年間支出は 315 万円、差額は -75 万円。）10 年間で -750 万円。

以上　-3150 万円。

ケース７　夫が教諭退職者、妻が専業主婦

夫65歳、妻60歳から夫69歳、妻64歳の5年間(年間収入は210万円(年金)

+40万円（加給年金）＝250万円、年間支出は480万円、差額は-230万円。）5年間で-1150万円。

夫70歳、妻65歳から夫84歳、妻79歳までの15年間（年間収入は210万円（年金）+80万円（国民年金）＝290万円、年間支出は480万円、差額は-190万円。）15年間で-2850万円。

妻80歳から89歳の10年間（年間収入は80万円（国民年金）+80万円（遺族厚生年金）＝160万円、年間支出は315万円、差額は-155万円。）10年間で-1550万円。

以上　-5550万円

ケース8　夫が専業主夫、妻が教諭退職者

夫70歳、妻65歳から夫84歳、妻79歳までの15年間（年間収入は80万円（国民年金）+210万円（年金）＝290万円、年間支出は480万円、差額は-190万円。）20年間で-2850万円。

妻80歳から89歳の10年間（年間収入は210万円（年金）、年間支出は315万円、差額は-105万円。10年間で-1050万円。）

以上　-3900万円。

ケース9　男性の校長退職者（単身）

65歳から85歳の20年間（年間収入は240万円（年金）、年間支出は315万円、差額は-75万円、）　**20年間で-1500万円。**

ケース10　女性の校長退職者（単身）

65歳から90歳の25年間（年間収入は240万円（年金）、年間支出は315万円、差額は-75万円。）　**25年間で-1875万円。**

ケース11　男性の教諭退職者（単身）

65歳から85歳の20年間（年間収入は210万円（年金）、年間支出は315万円、差額は-105万円。）　**20年間で-2100万円。**

ケース12　女性の教諭退職者（単身）

65歳から90歳の25年間（年間収入は210万円（年金）、年間支出は315万円、差額は-105万円。）　**25年間で-2625万円。**

付録2　**ロボアドバイザー投資の登録方法**

ロボアドバイザー投資のはじめ方を、WealthNaviを例にして説明します。

まずWealthNaviのホームページを開きます（https://www.wealthnavi.com/）。以下のような画面が開きます。

まず自分を知るために、リスク許容度を調べましょう。リスク許容度とは資産運用に対してどれだけのリスクを許容するかの度合いです。大きなリターンを求めれば、リスクも大きくなります。リスクを小さくするためには、リターンが小さいことを受け入れなければなりません。WealthNaviでは6つの質問で自分に合ったリスク許容度を5段階から選んでくれます。

リスク許容度が高くなればなるほど、株の比率が高くなります。逆に、リスク許容度が低くなると比較的安定した米国債や物価連動債の比率が多くなります。

画面右上の「無料診断」を押してください。

質問内容は「現在の年齢」、「年収」、「保有する金融資産」、「毎月の積立額」、「資産運用の目的」、「株価が1ヶ月で20%下落したらどうするか」の6つです。いずれも選択肢の中から選ぶだけですので1分で終わります。

リスク許容度が測定されると、そのリスク許容度でどれだけの確率で資産を増やせるかのシミュレーション結果が示されます。

画面上部の「次へ」を押すと、実際の口座開設が始まります。最初はメールアドレスの登録です。

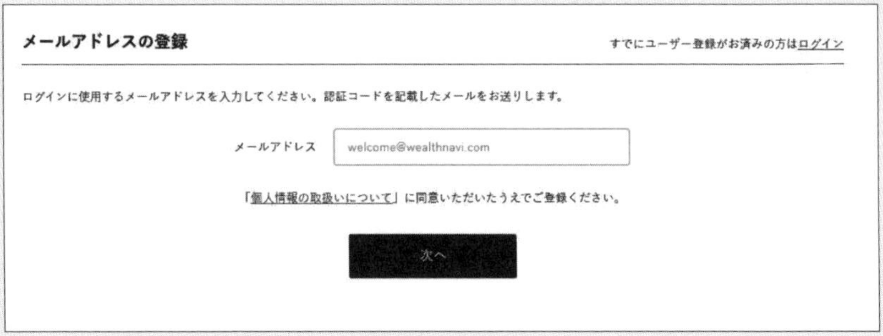

自分のメールアドレスと入力し、「次へ」のボタンを押すと、画面は下のようになります。

WealthNaviから認証コードが送られてきますので、それを入力し、パスワードを設定します。パスワードは8文字以上、25文字以下であり、大文字、小文字、数字を含んでいなければなりません。

画面は以下の通りになります。職業欄の下の方には、「未成年でないことの確認」、「株・投資信託等の投資経験の有無」、「投資を現金化したときの振込先の銀行名、支店名、口座の種類、口座番号、口座名義人」を入力し、登録ボタンを押せば登録できます。

登録が終われば、WealthNaviのホームページ（https://www.wealthnavi.com/）からログインすることができます。

画面には「ホーム」、「ポートフォリオ」、「入金」、「出金」、「ナビゲーション」、「積立」、「取引履歴」のボタンがあります。

「ホーム」では現在の資産額の推移がわかります。「ポートフォリオ」では資産の内訳、つまり米国株や日欧株、新興国株、米国債券、金、不動産がどれだけの額に分散投資され、それぞれの損益を見ることができます。

「入金」は2通りあります。三井住友銀行、みずほ銀行、三菱UFJ銀行等の特定の銀行の場合、振込手数料無料で入金することができます。それ以外の銀行を使っている場合は振込での入金となります。

「出金」では、希望額を入力し手続きをすれば、先に登録した銀行に出金します。

「ナビゲーション」では現在の資産額とリスク許容度の場合、今後どのように資産量が変化するかをシミュレーションしてくれます。

「積立」は自動積立を希望するときに手続きをするところです。

「取引履歴」では、入出金したとき、また、リバランスしたときの株や債券等の売り買いの履歴を見ることができます。

いずれも直感的に理解しやすい画面です。

10万円以上の入金があったときから取引が始まります。とりあえず試しに十数万円を入金し、半年ぐらい眺めてから本格的にやるかやらないかを決めてもよいと思います。

註　釈

＊１　日本銀行の「資金循環の日米欧比較」（2020年８月）によれば日本は現金・預金が54.2%、債務証券が1.4%、投資信託が3.4%、株式等が9.6%、保険･年金･定額保証が28.4%、その他が2.9%です。それに対してアメリカは現金・預金が13.7%、債務証券が6.0%、投資信託が12.3%、株式等が32.5%、保険・年金・定額保証が32.6%、その他が3.0%です。

＊２　厚生労働省　簡易生命表（令和元年度）

＊３　100歳以上の人口はを見てみると1980年には1000人以下でしたが、2000年には50,000人以上、さらに2020年は増加を続け、80,000人を突破して、80,450人となりました。

＊４　2013年４月に「高年齢者雇用安定法」の改正が行われました。高年齢者雇用安定法は、簡単に言えば定年を延ばしましょう、または定年を廃止しましょうという法律です。

＊５　文部科学省の「公立学校職員の人事行政状況調査」によれば再任用で働く先生の数は2010年度に１万人を突破して以降、右肩上がりに増えています。2019年度の段階での再任用で働く教師の数はフルタイムでの勤務、短時間での勤務をあわせて46,230人になりました。

＊６　総務省　家計調査（2017）によります。

＊７　厚生労働省「令和元年度国民年金の加入・保険料納付状況」

＊８　2009年４月以降は国庫負担が半分で、それ以前は３分の１です。つまり、それだけ保険料を国が払ってくれるので我々の負担が少ないのです。

＊９　国税庁　民間給与実態統計調査（令和元年）

＊10　https://seikatsu-hogo.net/

＊11　厚生労働省の「就労条件総合調査」（平成30年）によると、教員以外も含めた大卒者の定年退職者退職金平均額は、平成30年で1788万円となっていて、平成９年の2871万円と比較すると1083万円も下がっています。教員だけが下がらないと予想するのは無理です。

＊12　その計算式は「（退職金 - 退職所得控除額）× 0.5」が課税の対象です。退職所得控除額は勤務年数が20年以上の人は「800万円 ＋ 70万円 ×（勤続年数 - 20年）」となります。つまり30年勤務の方の退職所得控除額は1500万円となります。従って、退職金が2000万円の場合の課税対象は（2,000万円 -1,500円）× 0.5で250万円が課税対象です。しかし、「退職所得の受給に関する申告書」を提出しなければ2,000万円が課税対象となりまず。

＊ 13 第十五条　年次有給休暇は、一会計年度ごとの休暇とし、その日数は、一会計年度において、二十日 (育児短時間勤務職員等及び再任用短時間勤務職員にあっては、その者の勤務時間等を考慮し二十日を超えない範囲内で教育委員会規則で定める日数) とする。

＊ 14

妊娠出産休暇

【申請条件】妊娠中及び出産後の女性職員

【内 容】妊娠中及び出産後を通じて引き続く 16 週間（多胎妊娠の場合は 24 週間）以内の引き続く休養として与える休暇

男性が配偶者の出産や育児にあたり取得できる休暇ものもあります。これからは夫婦で子育てするのは当然で、男性の休暇取得も増えると予想されます。

出産支援休暇

【申請条件】男性職員がその配偶者の出産に当たり、子の養育その他家事等を行う場合

【内 容】出産の直前又は出産の日の翌日から起算して 2 週間の範囲内で、2 日以内の休暇（承認権者が職務に支障がないと認める場合は、時間単位可）

育児参加休暇

【申請条件】男性職員が配偶者の産前産後の期間に、育児に参加する場合

【内 容】出産の日の翌日から出産の日後 8 週間を経過する日までの期間内

で、5 日以内の休暇（承認権者が職務に支障がないと認める場合は、時間単位可）

つづいて　育児休業を説明します。育児休業は以下のように定められています。

育児休業

【申請条件】3 歳未満の子を養育する職員

【内 容】当該子が 3 歳に達する日までの期間、休業することができる（無給）。

※産後休暇に引き続くかどうかは問わない。

※配偶者が専業主婦（夫）又は育児休業中でも取得可

※延長は 1 回まで

この表現だと、育児休業中は無給になるように見えます。しかし、実際は、共済組合から手当が支払われます。これが共済短期掛金の使用方法の一つです。ただし、金額は全額ではなく 180 日目までが給与の 67%、180 日以降は給与の 50%の手当てになります。

また、期間が限られていて、育児休業を取得している全ての期間というわけではありません。子どもが 1 歳の誕生日までが適用されます。それ以降は、手当は

なくなります。

伴侶・保育園・両親の協力の下に仕事に復帰したあとは、以下の制度を利用できます。

育児時間

【申請条件】生後１歳３か月未満の子を育てる職員

【内 容】原則として１日２回それぞれ45分以内の育児時間を、勤務時間の始め若しくは終わり又は勤務時間の中途に利用できる。

他にも勤務時間の形態を選択できる制度もあるので活用してほしいと思います。

育児短時間勤務

【申請条件】小学校就学の始期に達するまでの子を養育する職員

【内 容】次のいずれかの勤務形態により、希望する日及び時間帯において勤務することができる。

＊15 このあたりの法的根拠等、対策を知りたいならば、『教師がブラック残業から賢く身を守る方法』（学陽書房）をご覧下さい。

＊16 自社発電施設を持たない新電力会社の場合、電力動向が逼迫すると料金が大きく上がる可能性があります。しかし年間を考えればメリットが大きいです。さらに自社発電施設を持つ新電力会社もあります。

＊17『1 教育公務員は、教育に関する他の職を兼ね、又は教育に関する他の事業若しくは事務に従事することが本務の遂行に支障がないと任命権者（地方教育行政の組織及び運営に関する法律第37条第１項に規定する県費負担教職員については、市町村の教育委員会）において認める場合には、給与を受け、又は受けないで、その職を兼ね、又はその事業若しくは事務に従事することができる。』

＊18 私は２ヶ月に一度医者に行き、約１万５千円の薬を処方してもらいます。長年、病院の隣の薬局で薬を出してもらいましたが、LINE Payのクーポン一覧の中にドラッグストアのAOKIのクーポンがあることに気づきました。そのときはVisa LINE Payに連動させているスマホ決済の5%引きクーポン券を使えました。クーポンの使用で15,000円の支払いが14,250円になりました。そしてVisa LINE Payクレジットカードの2%分の285円分のポイントがつきました。そして、AOKIの会員証を提示したら１%分の142円分のポイントがつきました。つまり、病院の近くの薬局だったら15,000円払うところ、実質13,823円ですみました。ちなみに丹念にクーポンをチェックすると、最大２万円まで10%引きのクーポンもあります。

＊19 文部科学省共済積立貯金事業の定期積立金の利率は0.3%です（令和２年度）。その程度の運用益です。

＊20 ある県では給与月額（給料月額 ＋ 給料の差額 ＋ 給料の調整額 ＋ 教職調整額 ＋

扶養手当）× 10/1000 という規定があります。

＊21 これは公開していませんが、保険の条件が同じであれば純保険料（実際に契約者に還元される保険料）が同じだと仮定して、定期保険の保険料に含まれる付加保険料の割合をいくつかの会社の保険料を元に、ファイナンシャルプランナーの藤川太さんが計算しました。その結果は 4 割 5 分から 5 割 5 分なのです。

＊22 ただし、前時代的だと思えるのですが、この中高齢寡婦加算は女性遺族のみが受け取れて、男性遺族は受け取れないことを注意してください。

＊23 https://www.city.joetsu.niigata.jp/soshiki/kokuho-nenkin/tax-shisan31.html

＊24 生命保険文化センターの「生命保険に関する全国実態調査（平成 30 年度）」によれば、40 歳から 64 歳の間の加入率は 9 割を超えています。ところが 65 歳から 70 歳になると 9 割を下回り、75 歳から 80 歳で 8 割強、85 歳から 90 歳で 7 割弱に低下します。

＊25 支出可能な保険料（医療保険、生命保険等の合計）は世帯主が 50 歳から 54 歳がピークで 48 万 3 千円です。以降、60 歳から 64 歳で 43 万 9 千円、70 歳から 74 歳で 29 万 9 千円、80 歳から 84 歳で 29 万 5 千円、90 歳以上だと 22 万 5 千円に低下します。

＊26 老人ホーム・介護施設に入居している方のご家族 518 人への LIFULL の調査によれば、入居以前に知っていたのは 24.9%、入居後に知ったのは 23.9%で、知らないのは半数超えの 51.2%でした。

＊27 生命保険文化センターの「生命保険に関する全国実態調査（平成 30 年度）」によれば介護期間は平均 4 年 11 ヶ月です。つまり約 300 万円（約 60 万円× 4 年 11 ヶ月）が必要になります。さらに老人ホーム・介護施設の場合、居住費・食費が毎月 10 万円から 15 万円かかります。これは高額介助合算療養制度の範囲外です。4 年 11 ヶ月だとすると 550 万円から 825 万円かかります。

＊28 厚生労働省の「介護保険事業状況報告（年報）」（平成 30 年度）によると、施設に入所してサービスを受けた人は約 94 万人でした。平成 31 年 3 月末の 65 歳以上の人口は 3525 万人です。

＊29 2016 年 9 月に開催された、第 97 回社会保障審議会医療保険部会で配布された「高額療養費制度の見直しについて」によれば、65 歳未満の人の入院期間 1 ヶ月以内の人の割合は 91.2%、3 ヶ月以内までに拡大すると 98.0%になります。同様に 65 歳から 74 歳の人の入院期間 1 ヶ月以内の人の割合は 85.1%で、3 ヶ月以内までに拡大すると 96.4%になります。75 歳以上の人の入院期間 1 ヶ月以内は 73.9%、3 ヶ月以内まで拡大すると 93.1%になります。

＊30 内閣府の「高齢者の健康に関する意識調査」（平成 24 年度）によれば、55 歳以上の人で「少しでも延命できるよう、あらゆる医療をしてほしい」と回答した人は 5.1%しかいませんでした。91.0%は「延命のみを目的とした医療は行わず、自然にまかせてほしい」と回答しました。残りの 3.9%は「その他」、「わからな

い」だったのです。

＊31 最近だと、2020年5月に1億6707万円の脊髄性筋萎縮症の治療薬「ゾルゲンスマ点滴静注」が保険適用になりました。理由は「これまでと異なる作用機序であること」、「疾患の根治可能性があること」「1回の投与で治療が終了する可能性が高いこと（類似薬のスピンラザでは長期間の頻回投与が必要）」、「静脈点滴であり、患者の負担が軽くなること（類似薬のスピンラザでは髄腔内への投与が必要）」として挙げられています。
3349万円の白血病等治療薬「キムリア点滴静注」も同じ会議で保険適用になりました。米国での臨床試験では「奏効率8割」という驚異的な成績をおさめていることが評価されました。これらは保険適用になることによって、驚異的に患者の負担が軽減されます。

＊32 総務省　第1回宝くじ活性化検討会（平成23年10月）参考資料

＊33 日本銀行が発表している資金循環統計では、2020年12月末の家計の金融資産残高は1948兆円でした。そのうち、「現金・預金」は1056兆円で全体の54.2%を占めています。

＊34 中小企業庁　中小企業白書（2011年度）

＊35「国民が安定的な資産形成を行うためには、長期の積立・分散投資が有効と考えられる。投資対象をグローバルに分散させることで世界経済の成長の果実を享受することが可能となり、投資時期の分散（積立投資）により高値掴み等のリスクを軽減できるほか、長期で保有することにより投資リターンの安定化が可能となる。これを実現するための運用対象として、ETF（上場投資信託）は、少額でも分散投資が可能であるほか、透明性が高いといったメリットもあると考えられる。また、一般的には、同種の投資信託に比して ETF の方がコストが低いとされている。こうした観点からは、ETF は国民の安定的な資産形成に向けて本来有用な投資商品と考えられる。

＊36 アメリカ株はバンガード・トータル・ストック・マーケット（VTI）という ETF で運用しています。VTI はアップル、マイクロソフト、アマゾン、フェイスブックなど約3600社に分散投資している ETF です。日欧株はバンガード・FTSE 先進国市場（除く米国）（VEA）という ETF で運用しています。VEA はスイスのネスレ、韓国のサムスン電子、スイスのロシホールディングなど約4000社に分散投資している ETF です。新興国株はバンガード・FTSE・エマージング・マーケッツ（VWO）という ETF で運用しています。VWO は中国のアリババグループ、中国のテンセント、台湾の台湾セミコンダクターなど約5000社に分散投資しています。米国債権は i シェアーズ・コア米国総合債券市場（AGG）という ETF で運用しています。AGG は米国財務省の債権、連邦住宅抵当公庫の債権など10の債権に分散投資しています。不動産は i シェアーズ 米国不動産（IYR）という ETF で運用しています。IYR はアメリカン・タワー、プロロジスなどアメリカの不動産関係の10社に分散投資しています。

＊ 37 「資産運用の安全性を高めるための一般理論形成」にて 1990 年のノーベル経済学賞を受賞。

＊ 38 具体的には WealthNavi が運用している ETF である米国株（VTI）、日欧株（VEA）、新興国株（VWO）、米国債券（AGG）、物価連動債（TIP）、金（GLD）、不動産（IYR）に関して、前年末に ETF を購入し、それから 1 年間、分配金が出るとすぐに同じ銘柄に再投資をしながら持ち続けた場合に得られたリターンの値です。

＊ 39 ウォーレン・バフェットは、2021 年 3 月段階で 1004 億ドルの資産を持っています。投資運用会社の 2019 年 12 月時点の資産順位、第一位のブラックロックは 7.4 兆ドル、第二位のバンガードは 6.1 兆ドル、第三のステート・ストリートは 3.1 兆ドルの運用資金があります。

＊ 40 何度も書いているように、長期分散投資のみが安定したリターンを保障します。暴落する場合もあります。その場合は、数年間は回復を待つ必要があることを忘れないでください。

＊ 41 70 歳以上の早い段階で死亡した場合、支払われなかった 65 歳から 69 歳の 5 年分の年金に見合った年金が貰えないことです。500％の年金（100％の年金× 5 年間）を 42％の増額で取り戻すならば 12 年間必要です。つまり 82 歳以上生きれば元が取れます。

＊ 42 　厚生労働省 「雇用動向調査」（令和元年度）

＊ 43 　総務省　地方公務員給与実態調査（平成 28 年）によれば、地方公務員の総数は 2739041 人で、そのうち教育公務員は 853956 人です。地方公務員の退職状況等調査によれば、退職者のうち、定年退職者、勧奨退職者、早期退職募集制度による退職者、懲戒を除く普通退職者は地方公務員全体で 40349 人、教育職で 9084 人です。しかし、普通退職者の中には在職期間通算を伴う退職（たとえば県庁への移動のために異動するための一時的な退職）が含まれます。それらを除いた退職者は地方公務員全体で 31338 人、教育職は 5755 人です。従って、一般的な意味での離職率は地方公務員で 1.1％、教育職で 0.67％です。

著者紹介

西川 純（にしかわ　じゅん）

1959年東京生まれ。筑波大学教育研究科修了（教育学博士）。都立高校教諭を経て、上越教育大学にて研究の道に進み、2002年より上越教育大学教職大学院教授、博士（学校教育学）。前・臨床教科教育学会学会長。教科を学ぶ児童・生徒・学生・大人の姿に徹底して密着した調査と分析による研究を行っており、教育臨床学、学習臨床学の構築を進めている。主な著書に『すぐわかる！　できる！　アクティブ・ラーニング』『2030年　教師の仕事はこう変わる！』（以上、学陽書房）ほか多数（なお、質問があれば、jun@imajun.com にメールをください。真面目な方からの真面目なメールに対しては、誠意をもって返信します）。

網代 涼佑（あじろ　りょうすけ）

1983年和歌山生まれ。高等学校国語科教員。大阪教育大学教育学部卒業、上越教育大学教職大学院学校教育研究科修了（教職修士（専門職））。現在、和歌山県公立高校に勤務。共著に『Society5.0 に向けた進路指導』（明治図書）がある。

教師のための
お金の増やし方がわかる本

2021年6月23日　初版発行
2021年7月16日　2刷発行

著　者――――西川《にしかわ》 純《じゅん》・網代《あじろ》涼佑《りょうすけ》

発行者――――佐久間重嘉

発行所――――学 陽 書 房

〒102-0072　東京都千代田区飯田橋1-9-3

編集部――――TEL 03-3261-1112

営業部――――TEL 03-3261-1111／FAX 03-5211-3300

http://www.gakuyo.co.jp/

ブックデザイン／スタジオダンク
本文DTP制作／越海辰夫
印刷・製本／三省堂印刷

ISBN978-4-313- 65436-5　C0037